Baby

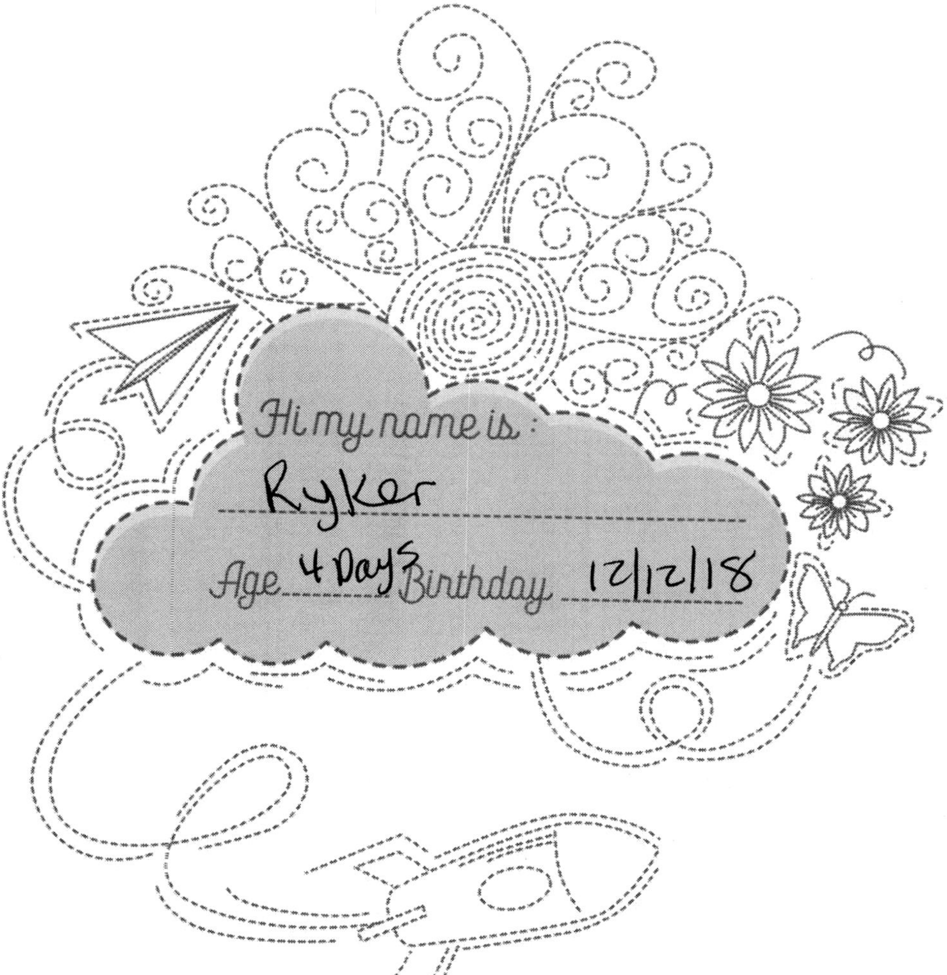
Hi my name is :
Ryker
Age 4 Days Birthday 12/12/18

Baby Growth Log

DATE	AGE	HEIGHT	WEIGHT	HEAD CIRCUMFERENCE	COMMENTS

Notes:

IMMUNIZATIONS | COMMENTS

DATE		
DATE		
DATE		
DATE		
DATE		
DATE		
DATE		
DATE		
DATE		
DATE		
DATE		
DATE		
DATE		
DATE		
DATE		
DATE		
DATE		
DATE		
DATE		
DATE		
DATE		
DATE		
DATE		
DATE		
DATE		
DATE		
DATE		
DATE		
DATE		
DATE		
DATE		
DATE		
DATE		
DATE		
DATE		
DATE		
DATE		
DATE		

Baby Daily Log

Baby's Name: _____ Date: 12/17 (M) T W TH F S SU

FEEDINGS | DIAPER CHANGES | SLEEP | COMMENT

DURATION (Breast Feeding)	AMOUNT (Bottle)	TIME	PEE	POO	TIME	LENGTH	COMMENT
Bot	35 mL	15 min	✗	☐	3am		
L R			☐	☐			
L R			☐	☐			
L R			☐	☐			
L R			☐	☐			
L R			☐	☐			
L R			☐	☐			
L R			☐	☐			
L R			☐	☐			
L R			☐	☐			
L R			☐	☐			
L R			☐	☐			
L R			☐	☐			
L R			☐	☐			
L R			☐	☐			

ACTIVITIES

ACTIVITY	LENGTH

SPECIAL CARE

MEDICINE	TIME	DOSAGE

SUPPLIES NEEDED

PM   PY
290

Note:

Baby Daily Log

M T W TH F S SU

Baby's Name: _____   **Date:** _____

FEEDINGS

DURATION { BREAST FEEDING }	AMOUNT { BOTTLE }
L R	
L R	
L R	
L R	
L R	
L R	
L R	
L R	
L R	
L R	
L R	
L R	
L R	
L R	
L R	
L R	

DIAPER CHANGES

TIME	PEE	POO
	☐	☐
	☐	☐
	☐	☐
	☐	☐
	☐	☐
	☐	☐
	☐	☐
	☐	☐
	☐	☐
	☐	☐
	☐	☐
	☐	☐
	☐	☐
	☐	☐
	☐	☐
	☐	☐

SLEEP

TIME	LENGTH

COMMENT

ACTIVITIES

ACTIVITY	LENGTH

SPECIAL CARE

MEDICINE	TIME	DOSAGE

SUPPLIES NEEDED

Note:

Baby Daily Log

M T W TH F S SU

Baby's Name: _____

Date: _____

FEEDINGS

DURATION (BREAST FEEDING)	AMOUNT (BOTTLE)
L R	
L R	
L R	
L R	
L R	
L R	
L R	
L R	
L R	
L R	
L R	
L R	
L R	
L R	
L R	
L R	

DIAPER CHANGES

TIME	PEE	POO
	☐	☐

SLEEP

TIME	LENGTH

COMMENT

ACTIVITIES

ACTIVITY	LENGTH

SPECIAL CARE

MEDICINE	TIME	DOSAGE

SUPPLIES NEEDED

Note:

Baby Daily Log

M T W TH F S SU

Baby's Name: _____ Date: _____

FEEDINGS
DURATION [BREAST FEEDING]	AMOUNT [BOTTLE]
L R	
L R	
L R	
L R	
L R	
L R	
L R	
L R	
L R	
L R	
L R	
L R	
L R	
L R	
L R	

DIAPER CHANGES
TIME	PEE	POO
	☐	☐
	☐	☐
	☐	☐
	☐	☐
	☐	☐
	☐	☐
	☐	☐
	☐	☐
	☐	☐
	☐	☐
	☐	☐
	☐	☐
	☐	☐
	☐	☐
	☐	☐

SLEEP
TIME	LENGTH

COMMENT

ACTIVITIES
ACTIVITY	LENGTH

SPECIAL CARE
MEDICINE	TIME	DOSAGE

SUPPLIES NEEDED

Note:

Baby Daily Log

Baby's Name: _____

(M) (T) (W) (TH) (F) (S) (SU)

Date: _____

FEEDINGS

DURATION (BREAST FEEDING)	AMOUNT (BOTTLE)
L R	
L R	
L R	
L R	
L R	
L R	
L R	
L R	
L R	
L R	
L R	
L R	
L R	
L R	
L R	
L R	
L R	

DIAPER CHANGES

TIME	PEE	POO
	☐	☐
	☐	☐
	☐	☐
	☐	☐
	☐	☐
	☐	☐
	☐	☐
	☐	☐
	☐	☐
	☐	☐
	☐	☐
	☐	☐
	☐	☐
	☐	☐
	☐	☐
	☐	☐
	☐	☐

SLEEP

TIME	LENGTH

COMMENT

ACTIVITIES

ACTIVITY	LENGTH

SPECIAL CARE

MEDICINE	TIME	DOSAGE

SUPPLIES NEEDED

- ---
- ---
- ---
- ---
- ---
- ---
- ---

Note:

Baby Daily Log

M T W TH F S SU

Baby's Name: _____ **Date:** _____

FEEDINGS		DIAPER CHANGES			SLEEP		COMMENT
DURATION (BREAST FEEDING)	AMOUNT (BOTTLE)	TIME	PEE	POO	TIME	LENGTH	
L R			☐	☐			
L R			☐	☐			
L R			☐	☐			
L R			☐	☐			
L R			☐	☐			
L R			☐	☐			
L R			☐	☐			
L R			☐	☐			
L R			☐	☐			
L R			☐	☐			
L R			☐	☐			
L R			☐	☐			
L R			☐	☐			
L R			☐	☐			
L R			☐	☐			

ACTIVITIES

ACTIVITY	LENGTH

SPECIAL CARE

MEDICINE	TIME	DOSAGE

SUPPLIES NEEDED

Note:

Baby Daily Log

M T W TH F S SU

Baby's Name: _____ Date: _____

FEEDINGS		DIAPER CHANGES			SLEEP		COMMENT
DURATION (BREAST FEEDING)	AMOUNT (BOTTLE)	TIME	PEE	POO	TIME	LENGTH	
L R			☐	☐			
L R			☐	☐			
L R			☐	☐			
L R			☐	☐			
L R			☐	☐			
L R			☐	☐			
L R			☐	☐			
L R			☐	☐			
L R			☐	☐			
L R			☐	☐			
L R			☐	☐			
L R			☐	☐			
L R			☐	☐			
L R			☐	☐			
L R			☐	☐			
L R			☐	☐			
L R			☐	☐			

ACTIVITIES

ACTIVITY	LENGTH

SPECIAL CARE

MEDICINE	TIME	DOSAGE

SUPPLIES NEEDED

Note:

Baby Daily Log

M T W TH F S SU

Baby's Name: _____   Date: _____

| FEEDINGS || DIAPER CHANGES ||| SLEEP || COMMENT |
DURATION [BREAST FEEDING]	AMOUNT [BOTTLE]	TIME	PEE	POO	TIME	LENGTH	
L R			☐	☐			
L R			☐	☐			
L R			☐	☐			
L R			☐	☐			
L R			☐	☐			
L R			☐	☐			
L R			☐	☐			
L R			☐	☐			
L R			☐	☐			
L R			☐	☐			
L R			☐	☐			
L R			☐	☐			
L R			☐	☐			
L R			☐	☐			
L R			☐	☐			

ACTIVITIES

ACTIVITY	LENGTH

SPECIAL CARE

MEDICINE	TIME	DOSAGE

SUPPLIES NEEDED

_____
_____
_____
_____
_____
_____

Note:

Baby Daily Log

Baby's Name: _____

(M) (T) (W) (TH) (F) (S) (SU)

Date: _____

FEEDINGS		DIAPER CHANGES			SLEEP		COMMENT
DURATION (BREAST FEEDING)	AMOUNT (BOTTLE)	TIME	PEE	POO	TIME	LENGTH	
Ⓛ Ⓡ			☐	☐			
Ⓛ Ⓡ			☐	☐			
Ⓛ Ⓡ			☐	☐			
Ⓛ Ⓡ			☐	☐			
Ⓛ Ⓡ			☐	☐			
Ⓛ Ⓡ			☐	☐			
Ⓛ Ⓡ			☐	☐			
Ⓛ Ⓡ			☐	☐			
Ⓛ Ⓡ			☐	☐			
Ⓛ Ⓡ			☐	☐			
Ⓛ Ⓡ			☐	☐			
Ⓛ Ⓡ			☐	☐			
Ⓛ Ⓡ			☐	☐			
Ⓛ Ⓡ			☐	☐			
Ⓛ Ⓡ			☐	☐			
Ⓛ Ⓡ			☐	☐			

ACTIVITIES

ACTIVITY	LENGTH

SPECIAL CARE

MEDICINE	TIME	DOSAGE

SUPPLIES NEEDED

_____
_____
_____
_____
_____
_____

Note:

Baby Daily Log

M T W TH F S SU

Baby's Name: _____   Date: _____

FEEDINGS

DURATION [BREAST FEEDING]	AMOUNT [BOTTLE]
L R	
L R	
L R	
L R	
L R	
L R	
L R	
L R	
L R	
L R	
L R	
L R	
L R	
L R	
L R	
L R	

DIAPER CHANGES

TIME	PEE	POO
	☐	☐
	☐	☐
	☐	☐
	☐	☐
	☐	☐
	☐	☐
	☐	☐
	☐	☐
	☐	☐
	☐	☐
	☐	☐
	☐	☐
	☐	☐
	☐	☐
	☐	☐
	☐	☐

SLEEP

TIME	LENGTH

COMMENT

ACTIVITIES

ACTIVITY	LENGTH

SPECIAL CARE

MEDICINE	TIME	DOSAGE

SUPPLIES NEEDED

Note:

Baby Daily Log

Baby's Name: _____

(M) (T) (W) (TH) (F) (S) (SU)

Date: _____

FEEDINGS

DURATION (BREAST FEEDING)	AMOUNT (BOTTLE)
Ⓛ Ⓡ	
Ⓛ Ⓡ	
Ⓛ Ⓡ	
Ⓛ Ⓡ	
Ⓛ Ⓡ	
Ⓛ Ⓡ	
Ⓛ Ⓡ	
Ⓛ Ⓡ	
Ⓛ Ⓡ	
Ⓛ Ⓡ	
Ⓛ Ⓡ	
Ⓛ Ⓡ	
Ⓛ Ⓡ	
Ⓛ Ⓡ	
Ⓛ Ⓡ	
Ⓛ Ⓡ	

DIAPER CHANGES

TIME	PEE	POO
	☐	☐
	☐	☐
	☐	☐
	☐	☐
	☐	☐
	☐	☐
	☐	☐
	☐	☐
	☐	☐
	☐	☐
	☐	☐
	☐	☐
	☐	☐
	☐	☐
	☐	☐
	☐	☐

SLEEP

TIME	LENGTH

COMMENT

ACTIVITIES

ACTIVITY	LENGTH

SPECIAL CARE

MEDICINE	TIME	DOSAGE

SUPPLIES NEEDED

Note:

Baby Daily Log

M T W TH F S SU

Baby's Name: _____   Date: _____

FEEDINGS		DIAPER CHANGES			SLEEP		COMMENT
DURATION {BREAST FEEDING}	AMOUNT {BOTTLE}	TIME	PEE	POO	TIME	LENGTH	
L R			☐	☐			
L R			☐	☐			
L R			☐	☐			
L R			☐	☐			
L R			☐	☐			
L R			☐	☐			
L R			☐	☐			
L R			☐	☐			
L R			☐	☐			
L R			☐	☐			
L R			☐	☐			
L R			☐	☐			
L R			☐	☐			
L R			☐	☐			
L R			☐	☐			

ACTIVITIES

ACTIVITY	LENGTH

SPECIAL CARE

MEDICINE	TIME	DOSAGE

SUPPLIES NEEDED

Note:

Baby Daily Log

Baby's Name: _____

(M) (T) (W) (TH) (F) (S) (SU)

Date: _____

FEEDINGS

DURATION (BREAST FEEDING)	AMOUNT (BOTTLE)
Ⓛ Ⓡ	
Ⓛ Ⓡ	
Ⓛ Ⓡ	
Ⓛ Ⓡ	
Ⓛ Ⓡ	
Ⓛ Ⓡ	
Ⓛ Ⓡ	
Ⓛ Ⓡ	
Ⓛ Ⓡ	
Ⓛ Ⓡ	
Ⓛ Ⓡ	
Ⓛ Ⓡ	
Ⓛ Ⓡ	
Ⓛ Ⓡ	
Ⓛ Ⓡ	
Ⓛ Ⓡ	
Ⓛ Ⓡ	

DIAPER CHANGES

TIME	PEE	POO
	☐	☐
	☐	☐
	☐	☐
	☐	☐
	☐	☐
	☐	☐
	☐	☐
	☐	☐
	☐	☐
	☐	☐
	☐	☐
	☐	☐
	☐	☐
	☐	☐
	☐	☐
	☐	☐
	☐	☐

SLEEP

TIME	LENGTH

COMMENT

ACTIVITIES

ACTIVITY	LENGTH

SPECIAL CARE

MEDICINE	TIME	DOSAGE

SUPPLIES NEEDED

Note:

Baby Daily Log

M T W TH F S SU

Baby's Name: _____ Date: _____

FEEDINGS

DURATION (BREAST FEEDING)	AMOUNT (BOTTLE)
Ⓛ Ⓡ	
Ⓛ Ⓡ	
Ⓛ Ⓡ	
Ⓛ Ⓡ	
Ⓛ Ⓡ	
Ⓛ Ⓡ	
Ⓛ Ⓡ	
Ⓛ Ⓡ	
Ⓛ Ⓡ	
Ⓛ Ⓡ	
Ⓛ Ⓡ	
Ⓛ Ⓡ	
Ⓛ Ⓡ	
Ⓛ Ⓡ	
Ⓛ Ⓡ	
Ⓛ Ⓡ	

DIAPER CHANGES

TIME	PEE	POO
	☐	☐
	☐	☐
	☐	☐
	☐	☐
	☐	☐
	☐	☐
	☐	☐
	☐	☐
	☐	☐
	☐	☐
	☐	☐
	☐	☐
	☐	☐
	☐	☐
	☐	☐
	☐	☐

SLEEP

TIME	LENGTH

COMMENT

ACTIVITIES

ACTIVITY	LENGTH

SPECIAL CARE

MEDICINE	TIME	DOSAGE

SUPPLIES NEEDED

Note:

Baby Daily Log

Baby's Name: _____

(M) (T) (W) (TH) (F) (S) (SU)

Date: _____

FEEDINGS

DURATION (BREAST FEEDING)	AMOUNT (BOTTLE)
L R	
L R	
L R	
L R	
L R	
L R	
L R	
L R	
L R	
L R	
L R	
L R	
L R	
L R	
L R	
L R	
L R	

DIAPER CHANGES

TIME	PEE	POO
	☐	☐
	☐	☐
	☐	☐
	☐	☐
	☐	☐
	☐	☐
	☐	☐
	☐	☐
	☐	☐
	☐	☐
	☐	☐
	☐	☐
	☐	☐
	☐	☐
	☐	☐
	☐	☐
	☐	☐

SLEEP

TIME	LENGTH

COMMENT

ACTIVITIES

ACTIVITY	LENGTH

SPECIAL CARE

MEDICINE	TIME	DOSAGE

SUPPLIES NEEDED

Note:

Baby Daily Log

M T W TH F S SU

Baby's Name: _____ Date: _____

FEEDINGS

DURATION [BREAST FEEDING]	AMOUNT [BOTTLE]
L R	
L R	
L R	
L R	
L R	
L R	
L R	
L R	
L R	
L R	
L R	
L R	
L R	
L R	
L R	
L R	

DIAPER CHANGES

TIME	PEE	POO
	☐	☐
	☐	☐
	☐	☐
	☐	☐
	☐	☐
	☐	☐
	☐	☐
	☐	☐
	☐	☐
	☐	☐
	☐	☐
	☐	☐
	☐	☐
	☐	☐
	☐	☐
	☐	☐

SLEEP

TIME	LENGTH

COMMENT

ACTIVITIES

ACTIVITY	LENGTH

SPECIAL CARE

MEDICINE	TIME	DOSAGE

SUPPLIES NEEDED

Note:

Baby Daily Log

Ⓜ Ⓣ Ⓦ ⓉⒽ Ⓕ Ⓢ ⓈⓊ

Baby's Name: _____

Date: _____

FEEDINGS

DURATION (BREAST FEEDING)	AMOUNT (BOTTLE)
Ⓛ Ⓡ	
Ⓛ Ⓡ	
Ⓛ Ⓡ	
Ⓛ Ⓡ	
Ⓛ Ⓡ	
Ⓛ Ⓡ	
Ⓛ Ⓡ	
Ⓛ Ⓡ	
Ⓛ Ⓡ	
Ⓛ Ⓡ	
Ⓛ Ⓡ	
Ⓛ Ⓡ	
Ⓛ Ⓡ	
Ⓛ Ⓡ	
Ⓛ Ⓡ	
Ⓛ Ⓡ	
Ⓛ Ⓡ	

DIAPER CHANGES

TIME	PEE	POO
	☐	☐
	☐	☐
	☐	☐
	☐	☐
	☐	☐
	☐	☐
	☐	☐
	☐	☐
	☐	☐
	☐	☐
	☐	☐
	☐	☐
	☐	☐
	☐	☐
	☐	☐
	☐	☐
	☐	☐

SLEEP

TIME	LENGTH

COMMENT

ACTIVITIES

ACTIVITY	LENGTH

SPECIAL CARE

MEDICINE	TIME	DOSAGE

SUPPLIES NEEDED

Note:

Baby Daily Log

M T W TH F S SU

Baby's Name: _____   Date: _____

FEEDINGS

DURATION (BREAST FEEDING)	AMOUNT (BOTTLE)
L R	
L R	
L R	
L R	
L R	
L R	
L R	
L R	
L R	
L R	
L R	
L R	
L R	
L R	
L R	

DIAPER CHANGES

TIME	PEE	POO
	☐	☐
	☐	☐
	☐	☐
	☐	☐
	☐	☐
	☐	☐
	☐	☐
	☐	☐
	☐	☐
	☐	☐
	☐	☐
	☐	☐
	☐	☐
	☐	☐
	☐	

SLEEP

TIME	LENGTH

COMMENT

ACTIVITIES

ACTIVITY	LENGTH

SPECIAL CARE

MEDICINE	TIME	DOSAGE

SUPPLIES NEEDED

Note:

Baby Daily Log

M T W TH F S SU

Baby's Name: _____

Date: _____

FEEDINGS

DURATION (BREAST FEEDING)	AMOUNT (BOTTLE)
L R	
L R	
L R	
L R	
L R	
L R	
L R	
L R	
L R	
L R	
L R	
L R	
L R	
L R	
L R	
L R	
L R	

DIAPER CHANGES

TIME	PEE	POO
	☐	☐
	☐	☐
	☐	☐
	☐	☐
	☐	☐
	☐	☐
	☐	☐
	☐	☐
	☐	☐
	☐	☐
	☐	☐
	☐	☐
	☐	☐
	☐	☐
	☐	☐
	☐	☐
	☐	☐

SLEEP

TIME	LENGTH

COMMENT

ACTIVITIES

ACTIVITY	LENGTH

SPECIAL CARE

MEDICINE	TIME	DOSAGE

SUPPLIES NEEDED

Note:

Baby Daily Log

(M) (T) (W) (TH) (F) (S) (SU)

Baby's Name: _____   Date: _____

FEEDINGS			DIAPER CHANGES			SLEEP		COMMENT
DURATION [BREAST FEEDING] || AMOUNT [BOTTLE]	TIME	PEE	POO	TIME	LENGTH	
L	R			☐	☐			
L	R			☐	☐			
L	R			☐	☐			
L	R			☐	☐			
L	R			☐	☐			
L	R			☐	☐			
L	R			☐	☐			
L	R			☐	☐			
L	R			☐	☐			
L	R			☐	☐			
L	R			☐	☐			
L	R			☐	☐			
L	R			☐	☐			
L	R			☐	☐			
L	R			☐	☐			
L	R			☐	☐			

ACTIVITIES

ACTIVITY	LENGTH

SPECIAL CARE

MEDICINE	TIME	DOSAGE

SUPPLIES NEEDED

_____
_____
_____
_____
_____

Note:

Baby Daily Log

M T W TH F S SU

Baby's Name: _____ Date: _____

| FEEDINGS ||| DIAPER CHANGES ||| SLEEP || COMMENT |
| DURATION (BREAST FEEDING) | AMOUNT (BOTTLE) || TIME | PEE | POO | TIME | LENGTH ||

L R
L R
L R
L R
L R
L R
L R
L R
L R
L R
L R
L R
L R
L R
L R
L R
L R

ACTIVITIES

ACTIVITY	LENGTH

SPECIAL CARE

MEDICINE	TIME	DOSAGE

SUPPLIES NEEDED

Note:

Baby Daily Log

M T W TH F S SU

Baby's Name : _____   Date : _____

FEEDINGS

DURATION [BREAST FEEDING]	AMOUNT [BOTTLE]
L R	
L R	
L R	
L R	
L R	
L R	
L R	
L R	
L R	
L R	
L R	
L R	
L R	
L R	
L R	

DIAPER CHANGES

TIME	PEE	POO
	☐	☐
	☐	☐
	☐	☐
	☐	☐
	☐	☐
	☐	☐
	☐	☐
	☐	☐
	☐	☐
	☐	☐
	☐	☐
	☐	☐
	☐	☐
	☐	☐
	☐	☐

SLEEP

TIME	LENGTH

COMMENT

ACTIVITIES

ACTIVITY	LENGTH

SPECIAL CARE

MEDICINE	TIME	DOSAGE

SUPPLIES NEEDED

Note :

Baby Daily Log

Baby's Name: _____

M T W TH F S SU

Date: _____

FEEDINGS			DIAPER CHANGES			SLEEP		COMMENT
DURATION (BREAST FEEDING)		AMOUNT (BOTTLE)	TIME	PEE	POO	TIME	LENGTH	
L	R			☐	☐			
L	R			☐	☐			
L	R			☐	☐			
L	R			☐	☐			
L	R			☐	☐			
L	R			☐	☐			
L	R			☐	☐			
L	R			☐	☐			
L	R			☐	☐			
L	R			☐	☐			
L	R			☐	☐			
L	R			☐	☐			
L	R			☐	☐			
L	R			☐	☐			
L	R			☐	☐			
L	R			☐	☐			

ACTIVITIES

ACTIVITY	LENGTH

SPECIAL CARE

MEDICINE	TIME	DOSAGE

SUPPLIES NEEDED

Note:

Baby Daily Log

M T W TH F S SU

Baby's Name: _____ **Date:** _____

FEEDINGS

DURATION [BREAST FEEDING]	AMOUNT [BOTTLE]
L R	
L R	
L R	
L R	
L R	
L R	
L R	
L R	
L R	
L R	
L R	
L R	
L R	
L R	
L R	
L R	

DIAPER CHANGES

TIME	PEE	POO
	☐	☐
	☐	☐
	☐	☐
	☐	☐
	☐	☐
	☐	☐
	☐	☐
	☐	☐
	☐	☐
	☐	☐
	☐	☐
	☐	☐
	☐	☐
	☐	☐
	☐	☐
	☐	☐

SLEEP

TIME	LENGTH

COMMENT

ACTIVITIES

ACTIVITY	LENGTH

SPECIAL CARE

MEDICINE	TIME	DOSAGE

SUPPLIES NEEDED

Note:

Baby Daily Log

M T W TH F S SU

Baby's Name: _____

Date: _____

FEEDINGS

DURATION (BREAST FEEDING)	AMOUNT (BOTTLE)
L R	
L R	
L R	
L R	
L R	
L R	
L R	
L R	
L R	
L R	
L R	
L R	
L R	
L R	
L R	
L R	
L R	

DIAPER CHANGES

TIME	PEE	POO
	☐	☐
	☐	☐
	☐	☐
	☐	☐
	☐	☐
	☐	☐
	☐	☐
	☐	☐
	☐	☐
	☐	☐
	☐	☐
	☐	☐
	☐	☐
	☐	☐
	☐	☐
	☐	☐
	☐	☐

SLEEP

TIME	LENGTH

COMMENT

ACTIVITIES

ACTIVITY	LENGTH

SPECIAL CARE

MEDICINE	TIME	DOSAGE

SUPPLIES NEEDED

Note:

Baby Daily Log

(M) (T) (W) (TH) (F) (S) (SU)

Baby's Name: _____   Date: _____

FEEDINGS		DIAPER CHANGES			SLEEP		COMMENT
DURATION [BREAST FEEDING]	AMOUNT [BOTTLE]	TIME	PEE	POO	TIME	LENGTH	
L R			☐	☐			
L R			☐	☐			
L R			☐	☐			
L R			☐	☐			
L R			☐	☐			
L R			☐	☐			
L R			☐	☐			
L R			☐	☐			
L R			☐	☐			
L R			☐	☐			
L R			☐	☐			
L R			☐	☐			
L R			☐	☐			
L R			☐	☐			
L R			☐	☐			
L R			☐	☐			

ACTIVITIES

ACTIVITY	LENGTH

SPECIAL CARE

MEDICINE	TIME	DOSAGE

SUPPLIES NEEDED

Note:

Baby Daily Log

M T W TH F S SU

Baby's Name: _____ Date: _____

FEEDINGS

DURATION (BREAST FEEDING)	AMOUNT (BOTTLE)
L R	
L R	
L R	
L R	
L R	
L R	
L R	
L R	
L R	
L R	
L R	
L R	
L R	
L R	
L R	
L R	
L R	

DIAPER CHANGES

TIME	PEE	POO
	☐	☐
	☐	☐
	☐	☐
	☐	☐
	☐	☐
	☐	☐
	☐	☐
	☐	☐
	☐	☐
	☐	☐
	☐	☐
	☐	☐
	☐	☐
	☐	☐
	☐	☐
	☐	☐
	☐	☐

SLEEP

TIME	LENGTH

COMMENT

ACTIVITIES

ACTIVITY	LENGTH

SPECIAL CARE

MEDICINE	TIME	DOSAGE

SUPPLIES NEEDED

Note:

Baby Daily Log

M T W TH F S SU

Baby's Name: _____   Date: _____

| FEEDINGS ||| DIAPER CHANGES ||| SLEEP || COMMENT |
DURATION [BREAST FEEDING]	AMOUNT [BOTTLE]		TIME	PEE	POO	TIME	LENGTH	
L R				☐	☐			
L R				☐	☐			
L R				☐	☐			
L R				☐	☐			
L R				☐	☐			
L R				☐	☐			
L R				☐	☐			
L R				☐	☐			
L R				☐	☐			
L R				☐	☐			
L R				☐	☐			
L R				☐	☐			
L R				☐	☐			
L R				☐	☐			
L R				☐	☐			
L R				☐	☐			

ACTIVITIES

ACTIVITY	LENGTH

SPECIAL CARE

MEDICINE	TIME	DOSAGE

SUPPLIES NEEDED

_____
_____
_____
_____
_____
_____

Note:

Baby Daily Log

Baby's Name: _____

(M) (T) (W) (TH) (F) (S) (SU)

Date: _____

FEEDINGS

DURATION (BREAST FEEDING)	AMOUNT (BOTTLE)
Ⓛ Ⓡ	
Ⓛ Ⓡ	
Ⓛ Ⓡ	
Ⓛ Ⓡ	
Ⓛ Ⓡ	
Ⓛ Ⓡ	
Ⓛ Ⓡ	
Ⓛ Ⓡ	
Ⓛ Ⓡ	
Ⓛ Ⓡ	
Ⓛ Ⓡ	
Ⓛ Ⓡ	
Ⓛ Ⓡ	
Ⓛ Ⓡ	
Ⓛ Ⓡ	
Ⓛ Ⓡ	

DIAPER CHANGES

TIME	PEE	POO
	☐	☐
	☐	☐
	☐	☐
	☐	☐
	☐	☐
	☐	☐
	☐	☐
	☐	☐
	☐	☐
	☐	☐
	☐	☐
	☐	☐
	☐	☐
	☐	☐
	☐	☐
	☐	☐

SLEEP

TIME	LENGTH

COMMENT

ACTIVITIES

ACTIVITY	LENGTH

SPECIAL CARE

MEDICINE	TIME	DOSAGE

SUPPLIES NEEDED

Note:

Baby Daily Log

(M) (T) (W) (TH) (F) (S) (SU)

Baby's Name: _____   Date: _____

FEEDINGS

DURATION [BREAST FEEDING]	AMOUNT [BOTTLE]
Ⓛ Ⓡ	
Ⓛ Ⓡ	
Ⓛ Ⓡ	
Ⓛ Ⓡ	
Ⓛ Ⓡ	
Ⓛ Ⓡ	
Ⓛ Ⓡ	
Ⓛ Ⓡ	
Ⓛ Ⓡ	
Ⓛ Ⓡ	
Ⓛ Ⓡ	
Ⓛ Ⓡ	
Ⓛ Ⓡ	
Ⓛ Ⓡ	
Ⓛ Ⓡ	
Ⓛ Ⓡ	

DIAPER CHANGES

TIME	PEE	POO
	☐	☐
	☐	☐
	☐	☐
	☐	☐
	☐	☐
	☐	☐
	☐	☐
	☐	☐
	☐	☐
	☐	☐
	☐	☐
	☐	☐
	☐	☐
	☐	☐
	☐	☐
	☐	☐

SLEEP

TIME	LENGTH

COMMENT

ACTIVITIES

ACTIVITY	LENGTH

SPECIAL CARE

MEDICINE	TIME	DOSAGE

SUPPLIES NEEDED

Note:

Baby Daily Log

Baby's Name: _____

(M) (T) (W) (TH) (F) (S) (SU)

Date: _____

FEEDINGS

DURATION [BREAST FEEDING]	AMOUNT [BOTTLE]
L R	
L R	
L R	
L R	
L R	
L R	
L R	
L R	
L R	
L R	
L R	
L R	
L R	
L R	
L R	
L R	
L R	
L R	

DIAPER CHANGES

TIME	PEE	POO
	☐	☐
	☐	☐
	☐	☐
	☐	☐
	☐	☐
	☐	☐
	☐	☐
	☐	☐
	☐	☐
	☐	☐
	☐	☐
	☐	☐
	☐	☐
	☐	☐
	☐	☐
	☐	☐
	☐	☐
	☐	☐

SLEEP

TIME	LENGTH

COMMENT

ACTIVITIES

ACTIVITY	LENGTH

SPECIAL CARE

MEDICINE	TIME	DOSAGE

SUPPLIES NEEDED

Note:

Baby Daily Log

M T W TH F S SU

Baby's Name: _____ Date: _____

FEEDINGS

DURATION [BREAST FEEDING]	AMOUNT [BOTTLE]
L R	
L R	
L R	
L R	
L R	
L R	
L R	
L R	
L R	
L R	
L R	
L R	
L R	
L R	
L R	
L R	

DIAPER CHANGES

TIME	PEE	POO
	☐	☐
	☐	☐
	☐	☐
	☐	☐
	☐	☐
	☐	☐
	☐	☐
	☐	☐
	☐	☐
	☐	☐
	☐	☐
	☐	☐
	☐	☐
	☐	☐
	☐	☐
	☐	☐

SLEEP

TIME	LENGTH

COMMENT

ACTIVITIES

ACTIVITY	LENGTH

SPECIAL CARE

MEDICINE	TIME	DOSAGE

SUPPLIES NEEDED

Note:

Baby Daily Log

M T W TH F S SU

Baby's Name: _____

Date: _____

FEEDINGS

DURATION (BREAST FEEDING)	AMOUNT (BOTTLE)
L R	
L R	
L R	
L R	
L R	
L R	
L R	
L R	
L R	
L R	
L R	
L R	
L R	
L R	
L R	
L R	
L R	

DIAPER CHANGES

TIME	PEE	POO
	☐	☐
	☐	☐
	☐	☐
	☐	☐
	☐	☐
	☐	☐
	☐	☐
	☐	☐
	☐	☐
	☐	☐
	☐	☐
	☐	☐
	☐	☐
	☐	☐
	☐	☐
	☐	☐
	☐	☐

SLEEP

TIME	LENGTH

COMMENT

ACTIVITIES

ACTIVITY	LENGTH

SPECIAL CARE

MEDICINE	TIME	DOSAGE

SUPPLIES NEEDED

Note:

Baby Daily Log

(M) (T) (W) (TH) (F) (S) (SU)

Baby's Name: _____ Date: _____

FEEDINGS		DIAPER CHANGES			SLEEP		COMMENT
DURATION [BREAST FEEDING]	AMOUNT [BOTTLE]	TIME	PEE	POO	TIME	LENGTH	
L R			☐	☐			
L R			☐	☐			
L R			☐	☐			
L R			☐	☐			
L R			☐	☐			
L R			☐	☐			
L R			☐	☐			
L R			☐	☐			
L R			☐	☐			
L R			☐	☐			
L R			☐	☐			
L R			☐	☐			
L R			☐	☐			
L R			☐	☐			
L R			☐				

ACTIVITIES

ACTIVITY	LENGTH

SPECIAL CARE

MEDICINE	TIME	DOSAGE

SUPPLIES NEEDED

Note:

Baby Daily Log

M T W TH F S SU

Baby's Name: _____
Date: _____

FEEDINGS

DURATION (BREAST FEEDING)	AMOUNT (BOTTLE)
L R	
L R	
L R	
L R	
L R	
L R	
L R	
L R	
L R	
L R	
L R	
L R	
L R	
L R	
L R	
L R	
L R	

DIAPER CHANGES

TIME	PEE	POO
	☐	☐
	☐	☐
	☐	☐
	☐	☐
	☐	☐
	☐	☐
	☐	☐
	☐	☐
	☐	☐
	☐	☐
	☐	☐
	☐	☐
	☐	☐
	☐	☐
	☐	☐
	☐	☐
	☐	☐

SLEEP

TIME	LENGTH

COMMENT

ACTIVITIES

ACTIVITY	LENGTH

SPECIAL CARE

MEDICINE	TIME	DOSAGE

SUPPLIES NEEDED

Note:

Baby Daily Log

M T W TH F S SU

Baby's Name: _____ Date: _____

FEEDINGS		DIAPER CHANGES			SLEEP		COMMENT
DURATION [BREAST FEEDING]	AMOUNT [BOTTLE]	TIME	PEE	POO	TIME	LENGTH	
L R			☐	☐			
L R			☐	☐			
L R			☐	☐			
L R			☐	☐			
L R			☐	☐			
L R			☐	☐			
L R			☐	☐			
L R			☐	☐			
L R			☐	☐			
L R			☐	☐			
L R			☐	☐			
L R			☐	☐			
L R			☐	☐			
L R			☐	☐			
L R			☐	☐			
L R			☐	☐			

ACTIVITIES

ACTIVITY	LENGTH

SPECIAL CARE

MEDICINE	TIME	DOSAGE

SUPPLIES NEEDED

Note:

Baby Daily Log

Baby's Name: _____

(M) (T) (W) (TH) (F) (S) (SU)

Date: _____

FEEDINGS

DURATION (BREAST FEEDING)	AMOUNT (BOTTLE)
Ⓛ Ⓡ	
Ⓛ Ⓡ	
Ⓛ Ⓡ	
Ⓛ Ⓡ	
Ⓛ Ⓡ	
Ⓛ Ⓡ	
Ⓛ Ⓡ	
Ⓛ Ⓡ	
Ⓛ Ⓡ	
Ⓛ Ⓡ	
Ⓛ Ⓡ	
Ⓛ Ⓡ	
Ⓛ Ⓡ	
Ⓛ Ⓡ	
Ⓛ Ⓡ	
Ⓛ Ⓡ	
Ⓛ Ⓡ	

DIAPER CHANGES

TIME	PEE	POO
	☐	☐
	☐	☐
	☐	☐
	☐	☐
	☐	☐
	☐	☐
	☐	☐
	☐	☐
	☐	☐
	☐	☐
	☐	☐
	☐	☐
	☐	☐
	☐	☐
	☐	☐
	☐	☐
	☐	☐

SLEEP

TIME	LENGTH

COMMENT

ACTIVITIES

ACTIVITY	LENGTH

SPECIAL CARE

MEDICINE	TIME	DOSAGE

SUPPLIES NEEDED

Note:

Baby Daily Log

M T W TH F S SU

Baby's Name: _____ **Date:** _____

FEEDINGS		DIAPER CHANGES			SLEEP		COMMENT
DURATION [BREAST FEEDING]	AMOUNT [BOTTLE]	TIME	PEE	POO	TIME	LENGTH	
Ⓛ Ⓡ			☐	☐			
Ⓛ Ⓡ			☐	☐			
Ⓛ Ⓡ			☐	☐			
Ⓛ Ⓡ			☐	☐			
Ⓛ Ⓡ			☐	☐			
Ⓛ Ⓡ			☐	☐			
Ⓛ Ⓡ			☐	☐			
Ⓛ Ⓡ			☐	☐			
Ⓛ Ⓡ			☐	☐			
Ⓛ Ⓡ			☐	☐			
Ⓛ Ⓡ			☐	☐			
Ⓛ Ⓡ			☐	☐			
Ⓛ Ⓡ			☐	☐			
Ⓛ Ⓡ			☐	☐			
Ⓛ Ⓡ			☐	☐			

ACTIVITIES

ACTIVITY	LENGTH

SPECIAL CARE

MEDICINE	TIME	DOSAGE

SUPPLIES NEEDED

_____
_____
_____
_____
_____
_____

Note:

Baby Daily Log

M T W TH F S SU

Baby's Name: _____ Date: _____

FEEDINGS

DURATION (BREAST FEEDING)	AMOUNT (BOTTLE)
L R	
L R	
L R	
L R	
L R	
L R	
L R	
L R	
L R	
L R	
L R	
L R	
L R	
L R	
L R	
L R	
L R	

DIAPER CHANGES

TIME	PEE	POO
	☐	☐
	☐	☐
	☐	☐
	☐	☐
	☐	☐
	☐	☐
	☐	☐
	☐	☐
	☐	☐
	☐	☐
	☐	☐
	☐	☐
	☐	☐
	☐	☐
	☐	☐
	☐	☐
	☐	☐

SLEEP

TIME	LENGTH

COMMENT

ACTIVITIES

ACTIVITY	LENGTH

SPECIAL CARE

MEDICINE	TIME	DOSAGE

SUPPLIES NEEDED

Note:

Baby Daily Log

(M) (T) (W) (TH) (F) (S) (SU)

Baby's Name: _____

Date: _____

FEEDINGS		DIAPER CHANGES			SLEEP		COMMENT
DURATION [BREAST FEEDING]	AMOUNT [BOTTLE]	TIME	PEE	POO	TIME	LENGTH	
Ⓛ Ⓡ			☐	☐			
Ⓛ Ⓡ			☐	☐			
Ⓛ Ⓡ			☐	☐			
Ⓛ Ⓡ			☐	☐			
Ⓛ Ⓡ			☐	☐			
Ⓛ Ⓡ			☐	☐			
Ⓛ Ⓡ			☐	☐			
Ⓛ Ⓡ			☐	☐			
Ⓛ Ⓡ			☐	☐			
Ⓛ Ⓡ			☐	☐			
Ⓛ Ⓡ			☐	☐			
Ⓛ Ⓡ			☐	☐			
Ⓛ Ⓡ			☐	☐			
Ⓛ Ⓡ			☐	☐			
Ⓛ Ⓡ			☐	☐			
Ⓛ Ⓡ			☐	☐			

ACTIVITIES	
ACTIVITY	LENGTH

SPECIAL CARE		
MEDICINE	TIME	DOSAGE

SUPPLIES NEEDED

Note:

Baby Daily Log

Baby's Name: _____

(M) (T) (W) (TH) (F) (S) (SU)

Date: _____

FEEDINGS

DURATION (BREAST FEEDING)	AMOUNT (BOTTLE)
L R	
L R	
L R	
L R	
L R	
L R	
L R	
L R	
L R	
L R	
L R	
L R	
L R	
L R	
L R	
L R	
L R	

DIAPER CHANGES

TIME	PEE	POO
	☐	☐
	☐	☐
	☐	☐
	☐	☐
	☐	☐
	☐	☐
	☐	☐
	☐	☐
	☐	☐
	☐	☐
	☐	☐
	☐	☐
	☐	☐
	☐	☐
	☐	☐
	☐	☐
	☐	☐

SLEEP

TIME	LENGTH

COMMENT

ACTIVITIES

ACTIVITY	LENGTH

SPECIAL CARE

MEDICINE	TIME	DOSAGE

SUPPLIES NEEDED

Note:

Baby Daily Log

M T W TH F S SU

Baby's Name: _____

Date: _____

FEEDINGS

DURATION [BREAST FEEDING]	AMOUNT [BOTTLE]
L R	
L R	
L R	
L R	
L R	
L R	
L R	
L R	
L R	
L R	
L R	
L R	
L R	
L R	
L R	
L R	

DIAPER CHANGES

TIME	PEE	POO
	☐	☐
	☐	☐
	☐	☐
	☐	☐
	☐	☐
	☐	☐
	☐	☐
	☐	☐
	☐	☐
	☐	☐
	☐	☐
	☐	☐
	☐	☐
	☐	☐
	☐	☐
	☐	☐

SLEEP

TIME	LENGTH

COMMENT

ACTIVITIES

ACTIVITY	LENGTH

SPECIAL CARE

MEDICINE	TIME	DOSAGE

SUPPLIES NEEDED

_____
_____
_____
_____
_____
_____

Note:

Baby Daily Log

Baby's Name: _____

Date: _____ M T W TH F S SU

FEEDINGS

DURATION (BREAST FEEDING)	AMOUNT (BOTTLE)
L R	
L R	
L R	
L R	
L R	
L R	
L R	
L R	
L R	
L R	
L R	
L R	
L R	
L R	
L R	
L R	
L R	
L R	

DIAPER CHANGES

TIME	PEE	POO
	☐	☐
	☐	☐
	☐	☐
	☐	☐
	☐	☐
	☐	☐
	☐	☐
	☐	☐
	☐	☐
	☐	☐
	☐	☐
	☐	☐
	☐	☐
	☐	☐
	☐	☐
	☐	☐
	☐	☐
	☐	☐

SLEEP

TIME	LENGTH

COMMENT

ACTIVITIES

ACTIVITY	LENGTH

SPECIAL CARE

MEDICINE	TIME	DOSAGE

SUPPLIES NEEDED

Note:

Baby Daily Log

(M) (T) (W) (TH) (F) (S) (SU)

Baby's Name: _____   Date: _____

FEEDINGS

DURATION [BREAST FEEDING]	AMOUNT [BOTTLE]
Ⓛ Ⓡ	
Ⓛ Ⓡ	
Ⓛ Ⓡ	
Ⓛ Ⓡ	
Ⓛ Ⓡ	
Ⓛ Ⓡ	
Ⓛ Ⓡ	
Ⓛ Ⓡ	
Ⓛ Ⓡ	
Ⓛ Ⓡ	
Ⓛ Ⓡ	
Ⓛ Ⓡ	
Ⓛ Ⓡ	
Ⓛ Ⓡ	
Ⓛ Ⓡ	
Ⓛ Ⓡ	

DIAPER CHANGES

TIME	PEE	POO
	☐	☐
	☐	☐
	☐	☐
	☐	☐
	☐	☐
	☐	☐
	☐	☐
	☐	☐
	☐	☐
	☐	☐
	☐	☐
	☐	☐
	☐	☐
	☐	☐
	☐	☐
	☐	☐

SLEEP

TIME	LENGTH

COMMENT

ACTIVITIES

ACTIVITY	LENGTH

SPECIAL CARE

MEDICINE	TIME	DOSAGE

SUPPLIES NEEDED

Note:

Baby Daily Log

Baby's Name: _____

(M) (T) (W) (TH) (F) (S) (SU)

Date: _____

FEEDINGS

DURATION [BREAST FEEDING]	AMOUNT [BOTTLE]
L R	
L R	
L R	
L R	
L R	
L R	
L R	
L R	
L R	
L R	
L R	
L R	
L R	
L R	
L R	
L R	

DIAPER CHANGES

TIME	PEE	POO
	☐	☐
	☐	☐
	☐	☐
	☐	☐
	☐	☐
	☐	☐
	☐	☐
	☐	☐
	☐	☐
	☐	☐
	☐	☐
	☐	☐
	☐	☐
	☐	☐
	☐	☐
	☐	☐

SLEEP

TIME	LENGTH

COMMENT

ACTIVITIES

ACTIVITY	LENGTH

SPECIAL CARE

MEDICINE	TIME	DOSAGE

SUPPLIES NEEDED

Note:

Baby Daily Log

(M) (T) (W) (TH) (F) (S) (SU)

Baby's Name: _____   Date: _____

FEEDINGS		DIAPER CHANGES			SLEEP		COMMENT
DURATION [BREAST FEEDING]	AMOUNT [BOTTLE]	TIME	PEE	POO	TIME	LENGTH	
L R			☐	☐			
L R			☐	☐			
L R			☐	☐			
L R			☐	☐			
L R			☐	☐			
L R			☐	☐			
L R			☐	☐			
L R			☐	☐			
L R			☐	☐			
L R			☐	☐			
L R			☐	☐			
L R			☐	☐			
L R			☐	☐			
L R			☐	☐			
L R			☐	☐			
L R			☐	☐			

ACTIVITIES

ACTIVITY	LENGTH

SPECIAL CARE

MEDICINE	TIME	DOSAGE

SUPPLIES NEEDED

Note:

Baby Daily Log

Baby's Name: _____   M T W TH F S SU
Date: _____

FEEDINGS

DURATION (BREAST FEEDING)	AMOUNT (BOTTLE)
L R	
L R	
L R	
L R	
L R	
L R	
L R	
L R	
L R	
L R	
L R	
L R	
L R	
L R	
L R	
L R	

DIAPER CHANGES

TIME	PEE	POO
	☐	☐
	☐	☐
	☐	☐
	☐	☐
	☐	☐
	☐	☐
	☐	☐
	☐	☐
	☐	☐
	☐	☐
	☐	☐
	☐	☐
	☐	☐
	☐	☐
	☐	☐
	☐	☐

SLEEP

TIME	LENGTH

COMMENT

ACTIVITIES

ACTIVITY	LENGTH

SPECIAL CARE

MEDICINE	TIME	DOSAGE

SUPPLIES NEEDED

Note:

Baby Daily Log

(M) (T) (W) (TH) (F) (S) (SU)

Baby's Name: _____ Date: _____

FEEDINGS

DURATION [BREAST FEEDING]	AMOUNT [BOTTLE]
Ⓛ Ⓡ	
Ⓛ Ⓡ	
Ⓛ Ⓡ	
Ⓛ Ⓡ	
Ⓛ Ⓡ	
Ⓛ Ⓡ	
Ⓛ Ⓡ	
Ⓛ Ⓡ	
Ⓛ Ⓡ	
Ⓛ Ⓡ	
Ⓛ Ⓡ	
Ⓛ Ⓡ	
Ⓛ Ⓡ	
Ⓛ Ⓡ	
Ⓛ Ⓡ	

DIAPER CHANGES

TIME	PEE	POO
	☐	☐
	☐	☐
	☐	☐
	☐	☐
	☐	☐
	☐	☐
	☐	☐
	☐	☐
	☐	☐
	☐	☐
	☐	☐
	☐	☐
	☐	☐
	☐	☐
	☐	☐

SLEEP

TIME	LENGTH

COMMENT

ACTIVITIES

ACTIVITY	LENGTH

SPECIAL CARE

MEDICINE	TIME	DOSAGE

SUPPLIES NEEDED

Note:

Baby Daily Log

Baby's Name: _____

(M) (T) (W) (TH) (F) (S) (SU)

Date: _____

FEEDINGS

DURATION (BREAST FEEDING)	AMOUNT (BOTTLE)
L R	
L R	
L R	
L R	
L R	
L R	
L R	
L R	
L R	
L R	
L R	
L R	
L R	
L R	
L R	
L R	

DIAPER CHANGES

TIME	PEE	POO
	☐	☐
	☐	☐
	☐	☐
	☐	☐
	☐	☐
	☐	☐
	☐	☐
	☐	☐
	☐	☐
	☐	☐
	☐	☐
	☐	☐
	☐	☐
	☐	☐
	☐	☐
	☐	☐

SLEEP

TIME	LENGTH

COMMENT

ACTIVITIES

ACTIVITY	LENGTH

SPECIAL CARE

MEDICINE	TIME	DOSAGE

SUPPLIES NEEDED

Note:

Baby Daily Log

M T W TH F S SU

Baby's Name: _____   **Date:** _____

FEEDINGS

DURATION [BREAST FEEDING]	AMOUNT [BOTTLE]
L R	
L R	
L R	
L R	
L R	
L R	
L R	
L R	
L R	
L R	
L R	
L R	
L R	
L R	
L R	
L R	

DIAPER CHANGES

TIME	PEE	POO
	☐	☐
	☐	☐
	☐	☐
	☐	☐
	☐	☐
	☐	☐
	☐	☐
	☐	☐
	☐	☐
	☐	☐
	☐	☐
	☐	☐
	☐	☐
	☐	☐
	☐	☐
	☐	☐

SLEEP

TIME	LENGTH

COMMENT

ACTIVITIES

ACTIVITY	LENGTH

SPECIAL CARE

MEDICINE	TIME	DOSAGE

SUPPLIES NEEDED

Note:

Baby Daily Log

Baby's Name: _____

(M) (T) (W) (TH) (F) (S) (SU)

Date: _____

FEEDINGS

DURATION [BREAST FEEDING]	AMOUNT (BOTTLE)
L R	
L R	
L R	
L R	
L R	
L R	
L R	
L R	
L R	
L R	
L R	
L R	
L R	
L R	
L R	
L R	
L R	

DIAPER CHANGES

TIME	PEE	POO
	☐	☐
	☐	☐
	☐	☐
	☐	☐
	☐	☐
	☐	☐
	☐	☐
	☐	☐
	☐	☐
	☐	☐
	☐	☐
	☐	☐
	☐	☐
	☐	☐
	☐	☐
	☐	☐
	☐	☐

SLEEP

TIME	LENGTH

COMMENT

ACTIVITIES

ACTIVITY	LENGTH

SPECIAL CARE

MEDICINE	TIME	DOSAGE

SUPPLIES NEEDED

_____
_____
_____
_____
_____
_____

Note:

Baby Daily Log

(M) (T) (W) (TH) (F) (S) (SU)

Baby's Name : _____

Date : _____

FEEDINGS		DIAPER CHANGES			SLEEP		COMMENT
DURATION [BREAST FEEDING]	AMOUNT [BOTTLE]	TIME	PEE	POO	TIME	LENGTH	
L R			☐	☐			
L R			☐	☐			
L R			☐	☐			
L R			☐	☐			
L R			☐	☐			
L R			☐	☐			
L R			☐	☐			
L R			☐	☐			
L R			☐	☐			
L R			☐	☐			
L R			☐	☐			
L R			☐	☐			
L R			☐	☐			
L R			☐	☐			
L R			☐	☐			
L R			☐	☐			

ACTIVITIES

ACTIVITY	LENGTH

SPECIAL CARE

MEDICINE	TIME	DOSAGE

SUPPLIES NEEDED

Note :

Baby Daily Log

Baby's Name: _____

(M) (T) (W) (TH) (F) (S) (SU)

Date: _____

FEEDINGS		DIAPER CHANGES			SLEEP		COMMENT
DURATION [BREAST FEEDING]	AMOUNT [BOTTLE]	TIME	PEE	POO	TIME	LENGTH	
L R			☐	☐			
L R			☐	☐			
L R			☐	☐			
L R			☐	☐			
L R			☐	☐			
L R			☐	☐			
L R			☐	☐			
L R			☐	☐			
L R			☐	☐			
L R			☐	☐			
L R			☐	☐			
L R			☐	☐			
L R			☐	☐			
L R			☐	☐			
L R			☐	☐			
L R			☐	☐			

ACTIVITIES

ACTIVITY	LENGTH

SPECIAL CARE

MEDICINE	TIME	DOSAGE

SUPPLIES NEEDED

Note:

Baby Daily Log

M T W TH F S SU

Baby's Name : _____   Date : _____

FEEDINGS		DIAPER CHANGES			SLEEP		COMMENT
DURATION (BREAST FEEDING)	AMOUNT (BOTTLE)	TIME	PEE	POO	TIME	LENGTH	
L R			☐	☐			
L R			☐	☐			
L R			☐	☐			
L R			☐	☐			
L R			☐	☐			
L R			☐	☐			
L R			☐	☐			
L R			☐	☐			
L R			☐	☐			
L R			☐	☐			
L R			☐	☐			
L R			☐	☐			
L R			☐	☐			
L R			☐	☐			
L R			☐	☐			
L R			☐	☐			

ACTIVITIES

ACTIVITY	LENGTH

SPECIAL CARE

MEDICINE	TIME	DOSAGE

SUPPLIES NEEDED

Note :

Baby Daily Log

Baby's Name : _____

(M) (T) (W) (TH) (F) (S) (SU)

Date : _____

FEEDINGS

DURATION (BREAST FEEDING)	AMOUNT (BOTTLE)
L R	
L R	
L R	
L R	
L R	
L R	
L R	
L R	
L R	
L R	
L R	
L R	
L R	
L R	
L R	
L R	

DIAPER CHANGES

TIME	PEE	POO
	☐	☐
	☐	☐
	☐	☐
	☐	☐
	☐	☐
	☐	☐
	☐	☐
	☐	☐
	☐	☐
	☐	☐
	☐	☐
	☐	☐
	☐	☐
	☐	☐
	☐	☐
	☐	☐

SLEEP

TIME	LENGTH

COMMENT

ACTIVITIES

ACTIVITY	LENGTH

SPECIAL CARE

MEDICINE	TIME	DOSAGE

SUPPLIES NEEDED

Note :

Baby Daily Log

M T W TH F S SU

Baby's Name: _____

Date: _____

FEEDINGS		DIAPER CHANGES			SLEEP		COMMENT
DURATION {BREAST FEEDING}	AMOUNT {BOTTLE}	TIME	PEE	POO	TIME	LENGTH	
L R			☐	☐			
L R			☐	☐			
L R			☐	☐			
L R			☐	☐			
L R			☐	☐			
L R			☐	☐			
L R			☐	☐			
L R			☐	☐			
L R			☐	☐			
L R			☐	☐			
L R			☐	☐			
L R			☐	☐			
L R			☐	☐			
L R			☐	☐			
L R			☐	☐			
L R			☐	☐			

ACTIVITIES

ACTIVITY	LENGTH

SPECIAL CARE

MEDICINE	TIME	DOSAGE

SUPPLIES NEEDED

_____
_____
_____
_____
_____

Note:

Baby Daily Log

Baby's Name: _____

(M) (T) (W) (TH) (F) (S) (SU)

Date: _____

FEEDINGS

DURATION [BREAST FEEDING]	AMOUNT [BOTTLE]
L R	
L R	
L R	
L R	
L R	
L R	
L R	
L R	
L R	
L R	
L R	
L R	
L R	
L R	
L R	
L R	
L R	

DIAPER CHANGES

TIME	PEE	POO
	☐	☐
	☐	☐
	☐	☐
	☐	☐
	☐	☐
	☐	☐
	☐	☐
	☐	☐
	☐	☐
	☐	☐
	☐	☐
	☐	☐
	☐	☐
	☐	☐
	☐	☐
	☐	☐
	☐	☐

SLEEP

TIME	LENGTH

COMMENT

ACTIVITIES

ACTIVITY	LENGTH

SPECIAL CARE

MEDICINE	TIME	DOSAGE

SUPPLIES NEEDED

Note:

Baby Daily Log

M T W TH F S SU

Baby's Name: _____ **Date:** _____

FEEDINGS		DIAPER CHANGES			SLEEP		COMMENT
DURATION [BREAST FEEDING]	AMOUNT [BOTTLE]	TIME	PEE	POO	TIME	LENGTH	
L R			☐	☐			
L R			☐	☐			
L R			☐	☐			
L R			☐	☐			
L R			☐	☐			
L R			☐	☐			
L R			☐	☐			
L R			☐	☐			
L R			☐	☐			
L R			☐	☐			
L R			☐	☐			
L R			☐	☐			
L R			☐	☐			
L R			☐	☐			
L R			☐	☐			

ACTIVITIES

ACTIVITY	LENGTH

SPECIAL CARE

MEDICINE	TIME	DOSAGE

SUPPLIES NEEDED

_____
_____
_____
_____
_____
_____

Note:

Baby Daily Log

Baby's Name: _____

M T W TH F S SU

Date: _____

FEEDINGS

DURATION (BREAST FEEDING)	AMOUNT (BOTTLE)
L R	
L R	
L R	
L R	
L R	
L R	
L R	
L R	
L R	
L R	
L R	
L R	
L R	
L R	
L R	
L R	
L R	

DIAPER CHANGES

TIME	PEE	POO
	☐	☐
	☐	☐
	☐	☐
	☐	☐
	☐	☐
	☐	☐
	☐	☐
	☐	☐
	☐	☐
	☐	☐
	☐	☐
	☐	☐
	☐	☐
	☐	☐
	☐	☐
	☐	☐

SLEEP

TIME	LENGTH

COMMENT

ACTIVITIES

ACTIVITY	LENGTH

SPECIAL CARE

MEDICINE	TIME	DOSAGE

SUPPLIES NEEDED

Note:

Baby Daily Log

(M) (T) (W) (TH) (F) (S) (SU)

Baby's Name: _____ Date: _____

| FEEDINGS || DIAPER CHANGES ||| SLEEP || COMMENT |
DURATION [BREAST FEEDING]	AMOUNT [BOTTLE]	TIME	PEE	POO	TIME	LENGTH	
L R			☐	☐			
L R			☐	☐			
L R			☐	☐			
L R			☐	☐			
L R			☐	☐			
L R			☐	☐			
L R			☐	☐			
L R			☐	☐			
L R			☐	☐			
L R			☐	☐			
L R			☐	☐			
L R			☐	☐			
L R			☐	☐			
L R			☐	☐			
L R			☐	☐			
L R			☐	☐			

ACTIVITIES

ACTIVITY	LENGTH

SPECIAL CARE

MEDICINE	TIME	DOSAGE

SUPPLIES NEEDED

Note:

Baby Daily Log

Baby's Name: _____

(M) (T) (W) (TH) (F) (S) (SU)

Date: _____

FEEDINGS

DURATION (BREAST FEEDING)	AMOUNT (BOTTLE)
L R	
L R	
L R	
L R	
L R	
L R	
L R	
L R	
L R	
L R	
L R	
L R	
L R	
L R	
L R	
L R	
L R	

DIAPER CHANGES

TIME	PEE	POO
	☐	☐
	☐	☐
	☐	☐
	☐	☐
	☐	☐
	☐	☐
	☐	☐
	☐	☐
	☐	☐
	☐	☐
	☐	☐
	☐	☐
	☐	☐
	☐	☐
	☐	☐
	☐	☐
	☐	☐

SLEEP

TIME	LENGTH

COMMENT

ACTIVITIES

ACTIVITY	LENGTH

SPECIAL CARE

MEDICINE	TIME	DOSAGE

SUPPLIES NEEDED

Note:

Baby Daily Log

M T W TH F S SU

Baby's Name: _____ Date: _____

FEEDINGS			DIAPER CHANGES			SLEEP		COMMENT
DURATION [BREAST FEEDING] || AMOUNT [BOTTLE]	TIME	PEE	POO	TIME	LENGTH	
L	R			☐	☐			
L	R			☐	☐			
L	R			☐	☐			
L	R			☐	☐			
L	R			☐	☐			
L	R			☐	☐			
L	R			☐	☐			
L	R			☐	☐			
L	R			☐	☐			
L	R			☐	☐			
L	R			☐	☐			
L	R			☐	☐			
L	R			☐	☐			
L	R			☐	☐			
L	R			☐	☐			
L	R			☐	☐			

ACTIVITIES

ACTIVITY	LENGTH

SPECIAL CARE

MEDICINE	TIME	DOSAGE

SUPPLIES NEEDED

Note:

Baby Daily Log

M T W TH F S SU

Baby's Name: _____

Date: _____

FEEDINGS

DURATION (BREAST FEEDING)	AMOUNT (BOTTLE)
L R	
L R	
L R	
L R	
L R	
L R	
L R	
L R	
L R	
L R	
L R	
L R	
L R	
L R	
L R	
L R	

DIAPER CHANGES

TIME	PEE	POO
	☐	☐
	☐	☐
	☐	☐
	☐	☐
	☐	☐
	☐	☐
	☐	☐
	☐	☐
	☐	☐
	☐	☐
	☐	☐
	☐	☐
	☐	☐
	☐	☐
	☐	☐
	☐	☐

SLEEP

TIME	LENGTH

COMMENT

ACTIVITIES

ACTIVITY	LENGTH

SPECIAL CARE

MEDICINE	TIME	DOSAGE

SUPPLIES NEEDED

Note:

Baby Daily Log

M T W TH F S SU

Baby's Name: _____   Date: _____

FEEDINGS

DURATION [BREAST FEEDING]	AMOUNT [BOTTLE]
Ⓛ Ⓡ	
Ⓛ Ⓡ	
Ⓛ Ⓡ	
Ⓛ Ⓡ	
Ⓛ Ⓡ	
Ⓛ Ⓡ	
Ⓛ Ⓡ	
Ⓛ Ⓡ	
Ⓛ Ⓡ	
Ⓛ Ⓡ	
Ⓛ Ⓡ	
Ⓛ Ⓡ	
Ⓛ Ⓡ	
Ⓛ Ⓡ	
Ⓛ Ⓡ	
Ⓛ Ⓡ	

DIAPER CHANGES

TIME	PEE	POO
	☐	☐
	☐	☐
	☐	☐
	☐	☐
	☐	☐
	☐	☐
	☐	☐
	☐	☐
	☐	☐
	☐	☐
	☐	☐
	☐	☐
	☐	☐
	☐	☐
	☐	☐
	☐	☐

SLEEP

TIME	LENGTH

COMMENT

ACTIVITIES

ACTIVITY	LENGTH

SPECIAL CARE

MEDICINE	TIME	DOSAGE

SUPPLIES NEEDED

_____
_____
_____
_____
_____
_____

Note:

Baby Daily Log

M T W TH F S SU

Baby's Name: _____   Date: _____

FEEDINGS

DURATION (BREAST FEEDING)	AMOUNT (BOTTLE)
Ⓛ Ⓡ	
Ⓛ Ⓡ	
Ⓛ Ⓡ	
Ⓛ Ⓡ	
Ⓛ Ⓡ	
Ⓛ Ⓡ	
Ⓛ Ⓡ	
Ⓛ Ⓡ	
Ⓛ Ⓡ	
Ⓛ Ⓡ	
Ⓛ Ⓡ	
Ⓛ Ⓡ	
Ⓛ Ⓡ	
Ⓛ Ⓡ	
Ⓛ Ⓡ	
Ⓛ Ⓡ	

DIAPER CHANGES

TIME	PEE	POO
	☐	☐
	☐	☐
	☐	☐
	☐	☐
	☐	☐
	☐	☐
	☐	☐
	☐	☐
	☐	☐
	☐	☐
	☐	☐
	☐	☐
	☐	☐
	☐	☐
	☐	☐
	☐	☐

SLEEP

TIME	LENGTH

COMMENT

ACTIVITIES

ACTIVITY	LENGTH

SPECIAL CARE

MEDICINE	TIME	DOSAGE

SUPPLIES NEEDED

Note:

Baby Daily Log

M T W TH F S SU

Baby's Name: _____ Date: _____

FEEDINGS			DIAPER CHANGES			SLEEP		COMMENT
DURATION [BREAST FEEDING]		AMOUNT [BOTTLE]	TIME	PEE	POO	TIME	LENGTH	
L	R			☐	☐			
L	R			☐	☐			
L	R			☐	☐			
L	R			☐	☐			
L	R			☐	☐			
L	R			☐	☐			
L	R			☐	☐			
L	R			☐	☐			
L	R			☐	☐			
L	R			☐	☐			
L	R			☐	☐			
L	R			☐	☐			
L	R			☐	☐			
L	R			☐	☐			
L	R			☐	☐			
L	R			☐	☐			

ACTIVITIES

ACTIVITY	LENGTH

SPECIAL CARE

MEDICINE	TIME	DOSAGE

SUPPLIES NEEDED

Note:

Baby Daily Log

Baby's Name: _____

(M) (T) (W) (TH) (F) (S) (SU)

Date: _____

FEEDINGS

DURATION (BREAST FEEDING)	AMOUNT (BOTTLE)
L R	
L R	
L R	
L R	
L R	
L R	
L R	
L R	
L R	
L R	
L R	
L R	
L R	
L R	
L R	
L R	

DIAPER CHANGES

TIME	PEE	POO
	☐	☐
	☐	☐
	☐	☐
	☐	☐
	☐	☐
	☐	☐
	☐	☐
	☐	☐
	☐	☐
	☐	☐
	☐	☐
	☐	☐
	☐	☐
	☐	☐
	☐	☐
	☐	☐

SLEEP

TIME	LENGTH

COMMENT

ACTIVITIES

ACTIVITY	LENGTH

SPECIAL CARE

MEDICINE	TIME	DOSAGE

SUPPLIES NEEDED

Note:

Baby Daily Log

(M) (T) (W) (TH) (F) (S) (SU)

Baby's Name: _____   Date: _____

FEEDINGS

DURATION [BREAST FEEDING]	AMOUNT [BOTTLE]
Ⓛ Ⓡ	
Ⓛ Ⓡ	
Ⓛ Ⓡ	
Ⓛ Ⓡ	
Ⓛ Ⓡ	
Ⓛ Ⓡ	
Ⓛ Ⓡ	
Ⓛ Ⓡ	
Ⓛ Ⓡ	
Ⓛ Ⓡ	
Ⓛ Ⓡ	
Ⓛ Ⓡ	
Ⓛ Ⓡ	
Ⓛ Ⓡ	
Ⓛ Ⓡ	
Ⓛ Ⓡ	

DIAPER CHANGES

TIME	PEE	POO
	☐	☐
	☐	☐
	☐	☐
	☐	☐
	☐	☐
	☐	☐
	☐	☐
	☐	☐
	☐	☐
	☐	☐
	☐	☐
	☐	☐
	☐	☐
	☐	☐
	☐	☐
	☐	☐

SLEEP

TIME	LENGTH

COMMENT

ACTIVITIES

ACTIVITY	LENGTH

SPECIAL CARE

MEDICINE	TIME	DOSAGE

SUPPLIES NEEDED

Note:

Baby Daily Log

M T W TH F S SU

Baby's Name: _____

Date: _____

FEEDINGS

DURATION (BREAST FEEDING)	AMOUNT (BOTTLE)
L R	
L R	
L R	
L R	
L R	
L R	
L R	
L R	
L R	
L R	
L R	
L R	
L R	
L R	
L R	
L R	

DIAPER CHANGES

TIME	PEE	POO
	☐	☐
	☐	☐
	☐	☐
	☐	☐
	☐	☐
	☐	☐
	☐	☐
	☐	☐
	☐	☐
	☐	☐
	☐	☐
	☐	☐
	☐	☐
	☐	☐
	☐	☐
	☐	☐

SLEEP

TIME	LENGTH

COMMENT

ACTIVITIES

ACTIVITY	LENGTH

SPECIAL CARE

MEDICINE	TIME	DOSAGE

SUPPLIES NEEDED

Note:

Baby Daily Log

(M) (T) (W) (TH) (F) (S) (SU)

Baby's Name: _____   Date: _____

| FEEDINGS || DIAPER CHANGES ||| SLEEP || COMMENT |
DURATION (BREAST FEEDING)	AMOUNT (BOTTLE)	TIME	PEE	POO	TIME	LENGTH	
L R			☐	☐			
L R			☐	☐			
L R			☐	☐			
L R			☐	☐			
L R			☐	☐			
L R			☐	☐			
L R			☐	☐			
L R			☐	☐			
L R			☐	☐			
L R			☐	☐			
L R			☐	☐			
L R			☐	☐			
L R			☐	☐			
L R			☐	☐			
L R			☐	☐			
L R			☐	☐			
L R			☐	☐			
L R			☐	☐			

ACTIVITIES

ACTIVITY	LENGTH

SPECIAL CARE

MEDICINE	TIME	DOSAGE

SUPPLIES NEEDED

_____
_____
_____
_____
_____
_____
_____

Note:

Baby Daily Log

Baby's Name: _____

(M) (T) (W) (TH) (F) (S) (SU)

Date: _____

FEEDINGS

DURATION (BREAST FEEDING)	AMOUNT (BOTTLE)
L R	
L R	
L R	
L R	
L R	
L R	
L R	
L R	
L R	
L R	
L R	
L R	
L R	
L R	
L R	
L R	
L R	
L R	

DIAPER CHANGES

TIME	PEE	POO
	☐	☐
	☐	☐
	☐	☐
	☐	☐
	☐	☐
	☐	☐
	☐	☐
	☐	☐
	☐	☐
	☐	☐
	☐	☐
	☐	☐
	☐	☐
	☐	☐
	☐	☐
	☐	☐
	☐	☐
	☐	☐

SLEEP

TIME	LENGTH

COMMENT

ACTIVITIES

ACTIVITY	LENGTH

SPECIAL CARE

MEDICINE	TIME	DOSAGE

SUPPLIES NEEDED

Note:

Baby Daily Log

M T W TH F S SU

Baby's Name: _____ Date: _____

| FEEDINGS ||| DIAPER CHANGES ||| SLEEP || COMMENT |
DURATION [BREAST FEEDING]		AMOUNT [BOTTLE]	TIME	PEE	POO	TIME	LENGTH	
L	R			☐	☐			
L	R			☐	☐			
L	R			☐	☐			
L	R			☐	☐			
L	R			☐	☐			
L	R			☐	☐			
L	R			☐	☐			
L	R			☐	☐			
L	R			☐	☐			
L	R			☐	☐			
L	R			☐	☐			
L	R			☐	☐			
L	R			☐	☐			
L	R			☐	☐			
L	R			☐	☐			
L	R			☐	☐			

ACTIVITIES

ACTIVITY	LENGTH

SPECIAL CARE

MEDICINE	TIME	DOSAGE

SUPPLIES NEEDED

_____
_____
_____
_____
_____
_____

Note:

Baby Daily Log

M T W TH F S SU

Baby's Name: _____   Date: _____

FEEDINGS

DURATION (BREAST FEEDING)	AMOUNT (BOTTLE)
L R	
L R	
L R	
L R	
L R	
L R	
L R	
L R	
L R	
L R	
L R	
L R	
L R	
L R	
L R	
L R	

DIAPER CHANGES

TIME	PEE	POO
	☐	☐
	☐	☐
	☐	☐
	☐	☐
	☐	☐
	☐	☐
	☐	☐
	☐	☐
	☐	☐
	☐	☐
	☐	☐
	☐	☐
	☐	☐
	☐	☐
	☐	☐
	☐	☐

SLEEP

TIME	LENGTH

COMMENT

ACTIVITIES

ACTIVITY	LENGTH

SPECIAL CARE

MEDICINE	TIME	DOSAGE

SUPPLIES NEEDED

Note:

Baby Daily Log

(M) (T) (W) (TH) (F) (S) (SU)

Baby's Name: _____   Date: _____

FEEDINGS		DIAPER CHANGES			SLEEP		COMMENT
DURATION (BREAST FEEDING)	AMOUNT (BOTTLE)	TIME	PEE	POO	TIME	LENGTH	
L R			☐	☐			
L R			☐	☐			
L R			☐	☐			
L R			☐	☐			
L R			☐	☐			
L R			☐	☐			
L R			☐	☐			
L R			☐	☐			
L R			☐	☐			
L R			☐	☐			
L R			☐	☐			
L R			☐	☐			
L R			☐	☐			
L R			☐	☐			
L R			☐	☐			
L R			☐	☐			

ACTIVITIES

ACTIVITY	LENGTH

SPECIAL CARE

MEDICINE	TIME	DOSAGE

SUPPLIES NEEDED

Note:

Baby Daily Log

Baby's Name: _____

Date: _____

(M) (T) (W) (TH) (F) (S) (SU)

FEEDINGS

DURATION (BREAST FEEDING)	AMOUNT (BOTTLE)
Ⓛ Ⓡ	
Ⓛ Ⓡ	
Ⓛ Ⓡ	
Ⓛ Ⓡ	
Ⓛ Ⓡ	
Ⓛ Ⓡ	
Ⓛ Ⓡ	
Ⓛ Ⓡ	
Ⓛ Ⓡ	
Ⓛ Ⓡ	
Ⓛ Ⓡ	
Ⓛ Ⓡ	
Ⓛ Ⓡ	
Ⓛ Ⓡ	
Ⓛ Ⓡ	
Ⓛ Ⓡ	

DIAPER CHANGES

TIME	PEE	POO
	☐	☐
	☐	☐
	☐	☐
	☐	☐
	☐	☐
	☐	☐
	☐	☐
	☐	☐
	☐	☐
	☐	☐
	☐	☐
	☐	☐
	☐	☐
	☐	☐
	☐	☐
	☐	☐

SLEEP

TIME	LENGTH

COMMENT

ACTIVITIES

ACTIVITY	LENGTH

SPECIAL CARE

MEDICINE	TIME	DOSAGE

SUPPLIES NEEDED

Note:

Baby Daily Log

M T W TH F S SU

Baby's Name: _____   Date: _____

FEEDINGS

DURATION [BREAST FEEDING]	AMOUNT [BOTTLE]
L R	
L R	
L R	
L R	
L R	
L R	
L R	
L R	
L R	
L R	
L R	
L R	
L R	
L R	
L R	
L R	
L R	

DIAPER CHANGES

TIME	PEE	POO
	☐	☐
	☐	☐
	☐	☐
	☐	☐
	☐	☐
	☐	☐
	☐	☐
	☐	☐
	☐	☐
	☐	☐
	☐	☐
	☐	☐
	☐	☐
	☐	☐
	☐	☐
	☐	☐
	☐	☐

SLEEP

TIME	LENGTH

COMMENT

ACTIVITIES

ACTIVITY	LENGTH

SPECIAL CARE

MEDICINE	TIME	DOSAGE

SUPPLIES NEEDED

Note:

Baby Daily Log

Baby's Name: _____

(M) (T) (W) (TH) (F) (S) (SU)

Date: _____

FEEDINGS

DURATION (BREAST FEEDING)	AMOUNT (BOTTLE)
L R	
L R	
L R	
L R	
L R	
L R	
L R	
L R	
L R	
L R	
L R	
L R	
L R	
L R	
L R	
L R	

DIAPER CHANGES

TIME	PEE	POO
	☐	☐
	☐	☐
	☐	☐
	☐	☐
	☐	☐
	☐	☐
	☐	☐
	☐	☐
	☐	☐
	☐	☐
	☐	☐
	☐	☐
	☐	☐
	☐	☐
	☐	☐
	☐	☐

SLEEP

TIME	LENGTH

COMMENT

ACTIVITIES

ACTIVITY	LENGTH

SPECIAL CARE

MEDICINE	TIME	DOSAGE

SUPPLIES NEEDED

_____
_____
_____
_____
_____
_____

Note:

Baby Daily Log

(M) (T) (W) (TH) (F) (S) (SU)

Baby's Name: _____   Date: _____

FEEDINGS

DURATION [BREAST FEEDING]	AMOUNT [BOTTLE]
Ⓛ Ⓡ	
Ⓛ Ⓡ	
Ⓛ Ⓡ	
Ⓛ Ⓡ	
Ⓛ Ⓡ	
Ⓛ Ⓡ	
Ⓛ Ⓡ	
Ⓛ Ⓡ	
Ⓛ Ⓡ	
Ⓛ Ⓡ	
Ⓛ Ⓡ	
Ⓛ Ⓡ	
Ⓛ Ⓡ	
Ⓛ Ⓡ	
Ⓛ Ⓡ	
Ⓛ Ⓡ	

DIAPER CHANGES

TIME	PEE	POO
	☐	☐
	☐	☐
	☐	☐
	☐	☐
	☐	☐
	☐	☐
	☐	☐
	☐	☐
	☐	☐
	☐	☐
	☐	☐
	☐	☐
	☐	☐
	☐	☐
	☐	☐
	☐	☐

SLEEP

TIME	LENGTH

COMMENT

ACTIVITIES

ACTIVITY	LENGTH

SPECIAL CARE

MEDICINE	TIME	DOSAGE

SUPPLIES NEEDED

Note:

Baby Daily Log

M T W TH F S SU

Baby's Name: _____ Date: _____

FEEDINGS

DURATION (BREAST FEEDING)	AMOUNT (BOTTLE)
L R	
L R	
L R	
L R	
L R	
L R	
L R	
L R	
L R	
L R	
L R	
L R	
L R	
L R	
L R	
L R	
L R	

DIAPER CHANGES

TIME	PEE	POO
	☐	☐
	☐	☐
	☐	☐
	☐	☐
	☐	☐
	☐	☐
	☐	☐
	☐	☐
	☐	☐
	☐	☐
	☐	☐
	☐	☐
	☐	☐
	☐	☐
	☐	☐
	☐	☐
	☐	☐

SLEEP

TIME	LENGTH

COMMENT

ACTIVITIES

ACTIVITY	LENGTH

SPECIAL CARE

MEDICINE	TIME	DOSAGE

SUPPLIES NEEDED

Note:

Baby Daily Log

M T W TH F S SU

Baby's Name : _____ Date : _____

FEEDINGS

DURATION [BREAST FEEDING]	AMOUNT [BOTTLE]
L R	
L R	
L R	
L R	
L R	
L R	
L R	
L R	
L R	
L R	
L R	
L R	
L R	
L R	
L R	
L R	
L R	

DIAPER CHANGES

TIME	PEE	POO
	☐	☐
	☐	☐
	☐	☐
	☐	☐
	☐	☐
	☐	☐
	☐	☐
	☐	☐
	☐	☐
	☐	☐
	☐	☐
	☐	☐
	☐	☐
	☐	☐
	☐	☐
	☐	☐
	☐	☐

SLEEP

TIME	LENGTH

COMMENT

ACTIVITIES

ACTIVITY	LENGTH

SPECIAL CARE

MEDICINE	TIME	DOSAGE

SUPPLIES NEEDED

Note :

Baby Daily Log

Baby's Name: _____

(M) (T) (W) (TH) (F) (S) (SU)

Date: _____

FEEDINGS

DURATION (BREAST FEEDING)	AMOUNT (BOTTLE)
Ⓛ Ⓡ	
Ⓛ Ⓡ	
Ⓛ Ⓡ	
Ⓛ Ⓡ	
Ⓛ Ⓡ	
Ⓛ Ⓡ	
Ⓛ Ⓡ	
Ⓛ Ⓡ	
Ⓛ Ⓡ	
Ⓛ Ⓡ	
Ⓛ Ⓡ	
Ⓛ Ⓡ	
Ⓛ Ⓡ	
Ⓛ Ⓡ	
Ⓛ Ⓡ	
Ⓛ Ⓡ	

DIAPER CHANGES

TIME	PEE	POO
	☐	☐
	☐	☐
	☐	☐
	☐	☐
	☐	☐
	☐	☐
	☐	☐
	☐	☐
	☐	☐
	☐	☐
	☐	☐
	☐	☐
	☐	☐
	☐	☐
	☐	☐
	☐	☐

SLEEP

TIME	LENGTH

COMMENT

ACTIVITIES

ACTIVITY	LENGTH

SPECIAL CARE

MEDICINE	TIME	DOSAGE

SUPPLIES NEEDED

Note:

Baby Daily Log

(M) (T) (W) (TH) (F) (S) (SU)

Baby's Name: _____

Date: _____

FEEDINGS		DIAPER CHANGES			SLEEP		COMMENT
DURATION [BREAST FEEDING]	AMOUNT [BOTTLE]	TIME	PEE	POO	TIME	LENGTH	
L R			☐	☐			
L R			☐	☐			
L R			☐	☐			
L R			☐	☐			
L R			☐	☐			
L R			☐	☐			
L R			☐	☐			
L R			☐	☐			
L R			☐	☐			
L R			☐	☐			
L R			☐	☐			
L R			☐	☐			
L R			☐	☐			
L R			☐	☐			
L R			☐	☐			
L R			☐	☐			

ACTIVITIES

ACTIVITY	LENGTH

SPECIAL CARE

MEDICINE	TIME	DOSAGE

SUPPLIES NEEDED

Note:

Baby Daily Log

M T W TH F S SU

Baby's Name: _____ Date: _____

FEEDINGS

DURATION (BREAST FEEDING)	AMOUNT (BOTTLE)
L R	
L R	
L R	
L R	
L R	
L R	
L R	
L R	
L R	
L R	
L R	
L R	
L R	
L R	
L R	
L R	

DIAPER CHANGES

TIME	PEE	POO
	☐	☐
	☐	☐
	☐	☐
	☐	☐
	☐	☐
	☐	☐
	☐	☐
	☐	☐
	☐	☐
	☐	☐
	☐	☐
	☐	☐
	☐	☐
	☐	☐
	☐	☐
	☐	☐

SLEEP

TIME	LENGTH

COMMENT

ACTIVITIES

ACTIVITY	LENGTH

SPECIAL CARE

MEDICINE	TIME	DOSAGE

SUPPLIES NEEDED

Note:

Baby Daily Log

M T W TH F S SU

Baby's Name: _____   **Date:** _____

| FEEDINGS ||| DIAPER CHANGES ||| SLEEP || COMMENT |
DURATION [BREAST FEEDING]		AMOUNT [BOTTLE]	TIME	PEE	POO	TIME	LENGTH	
L	R			☐	☐			
L	R			☐	☐			
L	R			☐	☐			
L	R			☐	☐			
L	R			☐	☐			
L	R			☐	☐			
L	R			☐	☐			
L	R			☐	☐			
L	R			☐	☐			
L	R			☐	☐			
L	R			☐	☐			
L	R			☐	☐			
L	R			☐	☐			
L	R			☐	☐			
L	R			☐	☐			
L	R			☐	☐			

ACTIVITIES

ACTIVITY	LENGTH

SPECIAL CARE

MEDICINE	TIME	DOSAGE

SUPPLIES NEEDED

_____
_____
_____
_____
_____
_____

Note:

Baby Daily Log

M T W TH F S SU

Baby's Name: _____   Date: _____

FEEDINGS

DURATION (BREAST FEEDING)	AMOUNT (BOTTLE)
L R	
L R	
L R	
L R	
L R	
L R	
L R	
L R	
L R	
L R	
L R	
L R	
L R	
L R	
L R	
L R	
L R	

DIAPER CHANGES

TIME	PEE	POO
	☐	☐
	☐	☐
	☐	☐
	☐	☐
	☐	☐
	☐	☐
	☐	☐
	☐	☐
	☐	☐
	☐	☐
	☐	☐
	☐	☐
	☐	☐
	☐	☐
	☐	☐
	☐	☐
	☐	☐

SLEEP

TIME	LENGTH

COMMENT

ACTIVITIES

ACTIVITY	LENGTH

SPECIAL CARE

MEDICINE	TIME	DOSAGE

SUPPLIES NEEDED

Note:

Baby Daily Log

M T W TH F S SU

Baby's Name: _____   Date: _____

FEEDINGS

DURATION [BREAST FEEDING]	AMOUNT [BOTTLE]
L R	
L R	
L R	
L R	
L R	
L R	
L R	
L R	
L R	
L R	
L R	
L R	
L R	
L R	
L R	
L R	

DIAPER CHANGES

TIME	PEE	POO
	☐	☐
	☐	☐
	☐	☐
	☐	☐
	☐	☐
	☐	☐
	☐	☐
	☐	☐
	☐	☐
	☐	☐
	☐	☐
	☐	☐
	☐	☐
	☐	☐
	☐	☐
	☐	☐

SLEEP

TIME	LENGTH

COMMENT

ACTIVITIES

ACTIVITY	LENGTH

SPECIAL CARE

MEDICINE	TIME	DOSAGE

SUPPLIES NEEDED

Note:

Baby Daily Log

Baby's Name: _____

(M) (T) (W) (TH) (F) (S) (SU)

Date: _____

FEEDINGS

DURATION [BREAST FEEDING]	AMOUNT [BOTTLE]
L R	
L R	
L R	
L R	
L R	
L R	
L R	
L R	
L R	
L R	
L R	
L R	
L R	
L R	
L R	
L R	

DIAPER CHANGES

TIME	PEE	POO
	☐	☐
	☐	☐
	☐	☐
	☐	☐
	☐	☐
	☐	☐
	☐	☐
	☐	☐
	☐	☐
	☐	☐
	☐	☐
	☐	☐
	☐	☐
	☐	☐
	☐	☐
	☐	☐

SLEEP

TIME	LENGTH

COMMENT

ACTIVITIES

ACTIVITY	LENGTH

SPECIAL CARE

MEDICINE	TIME	DOSAGE

SUPPLIES NEEDED

Note:

Baby Daily Log

M T W TH F S SU

Baby's Name: _____ Date: _____

FEEDINGS
DURATION [BREAST FEEDING]	AMOUNT [BOTTLE]
L R	
L R	
L R	
L R	
L R	
L R	
L R	
L R	
L R	
L R	
L R	
L R	
L R	
L R	
L R	
L R	

DIAPER CHANGES
TIME	PEE	POO
	☐	☐
	☐	☐
	☐	☐
	☐	☐
	☐	☐
	☐	☐
	☐	☐
	☐	☐
	☐	☐
	☐	☐
	☐	☐
	☐	☐
	☐	☐
	☐	☐
	☐	☐
	☐	☐

SLEEP
TIME	LENGTH

COMMENT

ACTIVITIES
ACTIVITY	LENGTH

SPECIAL CARE
MEDICINE	TIME	DOSAGE

SUPPLIES NEEDED

Note:

Baby Daily Log

M T W TH F S SU

Baby's Name: _____   Date: _____

FEEDINGS

DURATION (BREAST FEEDING)	AMOUNT (BOTTLE)
L R	
L R	
L R	
L R	
L R	
L R	
L R	
L R	
L R	
L R	
L R	
L R	
L R	
L R	
L R	
L R	

DIAPER CHANGES

TIME	PEE	POO
	☐	☐
	☐	☐
	☐	☐
	☐	☐
	☐	☐
	☐	☐
	☐	☐
	☐	☐
	☐	☐
	☐	☐
	☐	☐
	☐	☐
	☐	☐
	☐	☐
	☐	☐
	☐	☐

SLEEP

TIME	LENGTH

COMMENT

ACTIVITIES

ACTIVITY	LENGTH

SPECIAL CARE

MEDICINE	TIME	DOSAGE

SUPPLIES NEEDED

Note:

Baby Daily Log

(M) (T) (W) (TH) (F) (S) (SU)

Baby's Name: _____ Date: _____

FEEDINGS			DIAPER CHANGES			SLEEP		COMMENT
DURATION [BREAST FEEDING]	AMOUNT [BOTTLE]	TIME	PEE	POO	TIME	LENGTH	
L R			☐	☐			
L R			☐	☐			
L R			☐	☐			
L R			☐	☐			
L R			☐	☐			
L R			☐	☐			
L R			☐	☐			
L R			☐	☐			
L R			☐	☐			
L R			☐	☐			
L R			☐	☐			
L R			☐	☐			
L R			☐	☐			
L R			☐	☐			
L R			☐	☐			
L R			☐	☐			

ACTIVITIES

ACTIVITY	LENGTH

SPECIAL CARE

MEDICINE	TIME	DOSAGE

SUPPLIES NEEDED

Note:

Baby Daily Log

M T W TH F S SU

Baby's Name: _____   Date: _____

FEEDINGS

DURATION (BREAST FEEDING)	AMOUNT (BOTTLE)
L R	
L R	
L R	
L R	
L R	
L R	
L R	
L R	
L R	
L R	
L R	
L R	
L R	
L R	
L R	
L R	
L R	

DIAPER CHANGES

TIME	PEE	POO
	☐	☐
	☐	☐
	☐	☐
	☐	☐
	☐	☐
	☐	☐
	☐	☐
	☐	☐
	☐	☐
	☐	☐
	☐	☐
	☐	☐
	☐	☐
	☐	☐
	☐	☐
	☐	☐
	☐	☐

SLEEP

TIME	LENGTH

COMMENT

ACTIVITIES

ACTIVITY	LENGTH

SPECIAL CARE

MEDICINE	TIME	DOSAGE

SUPPLIES NEEDED

Note:

Baby Daily Log

(M) (T) (W) (TH) (F) (S) (SU)

Baby's Name: _____ Date: _____

FEEDINGS		DIAPER CHANGES			SLEEP		COMMENT
DURATION [BREAST FEEDING]	AMOUNT [BOTTLE]	TIME	PEE	POO	TIME	LENGTH	
L R			☐	☐			
L R			☐	☐			
L R			☐	☐			
L R			☐	☐			
L R			☐	☐			
L R			☐	☐			
L R			☐	☐			
L R			☐	☐			
L R			☐	☐			
L R			☐	☐			
L R			☐	☐			
L R			☐	☐			
L R			☐	☐			
L R			☐	☐			
L R			☐	☐			
L R			☐	☐			

ACTIVITIES

ACTIVITY	LENGTH

SPECIAL CARE

MEDICINE	TIME	DOSAGE

SUPPLIES NEEDED

_____
_____
_____
_____
_____
_____
_____

Note:

Baby Daily Log

Baby's Name : _____

(M) (T) (W) (TH) (F) (S) (SU)

Date : _____

FEEDINGS			DIAPER CHANGES			SLEEP		COMMENT
DURATION [BREAST FEEDING]		AMOUNT [BOTTLE]	TIME	PEE	POO	TIME	LENGTH	
L	R			☐	☐			
L	R			☐	☐			
L	R			☐	☐			
L	R			☐	☐			
L	R			☐	☐			
L	R			☐	☐			
L	R			☐	☐			
L	R			☐	☐			
L	R			☐	☐			
L	R			☐	☐			
L	R			☐	☐			
L	R			☐	☐			
L	R			☐	☐			
L	R			☐	☐			
L	R			☐	☐			
L	R			☐	☐			

ACTIVITIES

ACTIVITY	LENGTH

SPECIAL CARE

MEDICINE	TIME	DOSAGE

SUPPLIES NEEDED

Note :

Baby Daily Log

M T W TH F S SU

Baby's Name: _____   Date: _____

FEEDINGS		DIAPER CHANGES			SLEEP		COMMENT
DURATION [BREAST FEEDING]	AMOUNT [BOTTLE]	TIME	PEE	POO	TIME	LENGTH	
L R			☐	☐			
L R			☐	☐			
L R			☐	☐			
L R			☐	☐			
L R			☐	☐			
L R			☐	☐			
L R			☐	☐			
L R			☐	☐			
L R			☐	☐			
L R			☐	☐			
L R			☐	☐			
L R			☐	☐			
L R			☐	☐			
L R			☐	☐			
L R			☐	☐			
L R			☐	☐			

ACTIVITIES

ACTIVITY	LENGTH

SPECIAL CARE

MEDICINE	TIME	DOSAGE

SUPPLIES NEEDED

Note:

Baby Daily Log

Baby's Name: _____

(M) (T) (W) (TH) (F) (S) (SU)

Date: _____

FEEDINGS

DURATION (BREAST FEEDING)	AMOUNT (BOTTLE)
Ⓛ Ⓡ	
Ⓛ Ⓡ	
Ⓛ Ⓡ	
Ⓛ Ⓡ	
Ⓛ Ⓡ	
Ⓛ Ⓡ	
Ⓛ Ⓡ	
Ⓛ Ⓡ	
Ⓛ Ⓡ	
Ⓛ Ⓡ	
Ⓛ Ⓡ	
Ⓛ Ⓡ	
Ⓛ Ⓡ	
Ⓛ Ⓡ	
Ⓛ Ⓡ	
Ⓛ Ⓡ	

DIAPER CHANGES

TIME	PEE	POO
	☐	☐
	☐	☐
	☐	☐
	☐	☐
	☐	☐
	☐	☐
	☐	☐
	☐	☐
	☐	☐
	☐	☐
	☐	☐
	☐	☐
	☐	☐
	☐	☐
	☐	☐
	☐	☐

SLEEP

TIME	LENGTH

COMMENT

ACTIVITIES

ACTIVITY	LENGTH

SPECIAL CARE

MEDICINE	TIME	DOSAGE

SUPPLIES NEEDED

Note:

Baby Daily Log

M T W TH F S SU

Baby's Name: _____   **Date:** _____

| FEEDINGS ||| DIAPER CHANGES ||| SLEEP || COMMENT |
DURATION [BREAST FEEDING]	AMOUNT [BOTTLE]		TIME	PEE	POO	TIME	LENGTH	
L R				☐	☐			
L R				☐	☐			
L R				☐	☐			
L R				☐	☐			
L R				☐	☐			
L R				☐	☐			
L R				☐	☐			
L R				☐	☐			
L R				☐	☐			
L R				☐	☐			
L R				☐	☐			
L R				☐	☐			
L R				☐	☐			
L R				☐	☐			
L R				☐	☐			
L R				☐	☐			

ACTIVITIES

ACTIVITY	LENGTH

SPECIAL CARE

MEDICINE	TIME	DOSAGE

SUPPLIES NEEDED

Note:

Baby Daily Log

(M) (T) (W) (TH) (F) (S) (SU)

Baby's Name: _____

Date: _____

FEEDINGS

DURATION (BREAST FEEDING)	AMOUNT (BOTTLE)
Ⓛ Ⓡ	
Ⓛ Ⓡ	
Ⓛ Ⓡ	
Ⓛ Ⓡ	
Ⓛ Ⓡ	
Ⓛ Ⓡ	
Ⓛ Ⓡ	
Ⓛ Ⓡ	
Ⓛ Ⓡ	
Ⓛ Ⓡ	
Ⓛ Ⓡ	
Ⓛ Ⓡ	
Ⓛ Ⓡ	
Ⓛ Ⓡ	
Ⓛ Ⓡ	
Ⓛ Ⓡ	

DIAPER CHANGES

TIME	PEE	POO
	☐	☐
	☐	☐
	☐	☐
	☐	☐
	☐	☐
	☐	☐
	☐	☐
	☐	☐
	☐	☐
	☐	☐
	☐	☐
	☐	☐
	☐	☐
	☐	☐
	☐	☐
	☐	☐

SLEEP

TIME	LENGTH

COMMENT

ACTIVITIES

ACTIVITY	LENGTH

SPECIAL CARE

MEDICINE	TIME	DOSAGE

SUPPLIES NEEDED

Note:

Baby Daily Log

(M) (T) (W) (TH) (F) (S) (SU)

Baby's Name: _____ **Date:** _____

FEEDINGS

DURATION (BREAST FEEDING)	AMOUNT (BOTTLE)
L R	
L R	
L R	
L R	
L R	
L R	
L R	
L R	
L R	
L R	
L R	
L R	
L R	
L R	
L R	
L R	
L R	
L R	

DIAPER CHANGES

TIME	PEE	POO
	☐	☐
	☐	☐
	☐	☐
	☐	☐
	☐	☐
	☐	☐
	☐	☐
	☐	☐
	☐	☐
	☐	☐
	☐	☐
	☐	☐
	☐	☐
	☐	☐
	☐	☐
	☐	☐
	☐	☐
	☐	☐

SLEEP

TIME	LENGTH

COMMENT

ACTIVITIES

ACTIVITY	LENGTH

SPECIAL CARE

MEDICINE	TIME	DOSAGE

SUPPLIES NEEDED

Note:

Baby Daily Log

Baby's Name: _____

(M) (T) (W) (TH) (F) (S) (SU)

Date: _____

FEEDINGS

DURATION (BREAST FEEDING)	AMOUNT (BOTTLE)
L R	
L R	
L R	
L R	
L R	
L R	
L R	
L R	
L R	
L R	
L R	
L R	
L R	
L R	
L R	
L R	

DIAPER CHANGES

TIME	PEE	POO
	☐	☐
	☐	☐
	☐	☐
	☐	☐
	☐	☐
	☐	☐
	☐	☐
	☐	☐
	☐	☐
	☐	☐
	☐	☐
	☐	☐
	☐	☐
	☐	☐
	☐	☐
	☐	☐

SLEEP

TIME	LENGTH

COMMENT

ACTIVITIES

ACTIVITY	LENGTH

SPECIAL CARE

MEDICINE	TIME	DOSAGE

SUPPLIES NEEDED

Note:

Baby Daily Log

M T W TH F S SU

Baby's Name: _____   **Date:** _____

FEEDINGS		DIAPER CHANGES			SLEEP		COMMENT
DURATION [BREAST FEEDING]	AMOUNT [BOTTLE]	TIME	PEE	POO	TIME	LENGTH	
Ⓛ Ⓡ			☐	☐			
Ⓛ Ⓡ			☐	☐			
Ⓛ Ⓡ			☐	☐			
Ⓛ Ⓡ			☐	☐			
Ⓛ Ⓡ			☐	☐			
Ⓛ Ⓡ			☐	☐			
Ⓛ Ⓡ			☐	☐			
Ⓛ Ⓡ			☐	☐			
Ⓛ Ⓡ			☐	☐			
Ⓛ Ⓡ			☐	☐			
Ⓛ Ⓡ			☐	☐			
Ⓛ Ⓡ			☐	☐			
Ⓛ Ⓡ			☐	☐			
Ⓛ Ⓡ			☐	☐			
Ⓛ Ⓡ			☐	☐			
Ⓛ Ⓡ			☐	☐			

ACTIVITIES

ACTIVITY	LENGTH

SPECIAL CARE

MEDICINE	TIME	DOSAGE

SUPPLIES NEEDED

Note:

Baby Daily Log

(M) (T) (W) (TH) (F) (S) (SU)

Baby's Name: _____ Date: _____

FEEDINGS

DURATION (BREAST FEEDING)	AMOUNT (BOTTLE)
L R	
L R	
L R	
L R	
L R	
L R	
L R	
L R	
L R	
L R	
L R	
L R	
L R	
L R	
L R	
L R	
L R	

DIAPER CHANGES

TIME	PEE	POO
	☐	☐
	☐	☐
	☐	☐
	☐	☐
	☐	☐
	☐	☐
	☐	☐
	☐	☐
	☐	☐
	☐	☐
	☐	☐
	☐	☐
	☐	☐
	☐	☐
	☐	☐
	☐	☐
	☐	☐

SLEEP

TIME	LENGTH

COMMENT

ACTIVITIES

ACTIVITY	LENGTH

SPECIAL CARE

MEDICINE	TIME	DOSAGE

SUPPLIES NEEDED

Note:

Baby Daily Log

M T W TH F S SU

Baby's Name: _____   Date: _____

FEEDINGS		DIAPER CHANGES			SLEEP		COMMENT
DURATION [BREAST FEEDING]	AMOUNT [BOTTLE]	TIME	PEE	POO	TIME	LENGTH	
L R			☐	☐			
L R			☐	☐			
L R			☐	☐			
L R			☐	☐			
L R			☐	☐			
L R			☐	☐			
L R			☐	☐			
L R			☐	☐			
L R			☐	☐			
L R			☐	☐			
L R			☐	☐			
L R			☐	☐			
L R			☐	☐			
L R			☐	☐			
L R			☐	☐			
L R			☐	☐			
L R			☐	☐			

ACTIVITIES

ACTIVITY	LENGTH

SPECIAL CARE

MEDICINE	TIME	DOSAGE

SUPPLIES NEEDED

Note:

Baby Daily Log

M T W TH F S SU

Baby's Name: _____ Date: _____

FEEDINGS

DURATION (BREAST FEEDING)	AMOUNT (BOTTLE)
L R	
L R	
L R	
L R	
L R	
L R	
L R	
L R	
L R	
L R	
L R	
L R	
L R	
L R	
L R	
L R	
L R	

DIAPER CHANGES

TIME	PEE	POO
	☐	☐
	☐	☐
	☐	☐
	☐	☐
	☐	☐
	☐	☐
	☐	☐
	☐	☐
	☐	☐
	☐	☐
	☐	☐
	☐	☐
	☐	☐
	☐	☐
	☐	☐
	☐	☐
	☐	☐

SLEEP

TIME	LENGTH

COMMENT

ACTIVITIES

ACTIVITY	LENGTH

SPECIAL CARE

MEDICINE	TIME	DOSAGE

SUPPLIES NEEDED

Note:

Baby Daily Log

(M) (T) (W) (TH) (F) (S) (SU)

Baby's Name: _____ Date: _____

FEEDINGS

DURATION [BREAST FEEDING]	AMOUNT [BOTTLE]
L R	
L R	
L R	
L R	
L R	
L R	
L R	
L R	
L R	
L R	
L R	
L R	
L R	
L R	
L R	
L R	

DIAPER CHANGES

TIME	PEE	POO
	☐	☐
	☐	☐
	☐	☐
	☐	☐
	☐	☐
	☐	☐
	☐	☐
	☐	☐
	☐	☐
	☐	☐
	☐	☐
	☐	☐
	☐	☐
	☐	☐
	☐	☐
	☐	☐

SLEEP

TIME	LENGTH

COMMENT

ACTIVITIES

ACTIVITY	LENGTH

SPECIAL CARE

MEDICINE	TIME	DOSAGE

SUPPLIES NEEDED

Note:

Baby Daily Log

Baby's Name: _____

M T W TH F S SU

Date: _____

FEEDINGS		DIAPER CHANGES			SLEEP		COMMENT
DURATION (BREAST FEEDING)	AMOUNT (BOTTLE)	TIME	PEE	POO	TIME	LENGTH	
L R			☐	☐			
L R			☐	☐			
L R			☐	☐			
L R			☐	☐			
L R			☐	☐			
L R			☐	☐			
L R			☐	☐			
L R			☐	☐			
L R			☐	☐			
L R			☐	☐			
L R			☐	☐			
L R			☐	☐			
L R			☐	☐			
L R			☐	☐			
L R			☐	☐			

ACTIVITIES

ACTIVITY	LENGTH

SPECIAL CARE

MEDICINE	TIME	DOSAGE

SUPPLIES NEEDED

Note:

Baby Daily Log

M T W TH F S SU

Baby's Name: _____ Date: _____

FEEDINGS

DURATION [BREAST FEEDING]	AMOUNT [BOTTLE]
Ⓛ Ⓡ	
Ⓛ Ⓡ	
Ⓛ Ⓡ	
Ⓛ Ⓡ	
Ⓛ Ⓡ	
Ⓛ Ⓡ	
Ⓛ Ⓡ	
Ⓛ Ⓡ	
Ⓛ Ⓡ	
Ⓛ Ⓡ	
Ⓛ Ⓡ	
Ⓛ Ⓡ	
Ⓛ Ⓡ	
Ⓛ Ⓡ	
Ⓛ Ⓡ	
Ⓛ Ⓡ	
Ⓛ Ⓡ	

DIAPER CHANGES

TIME	PEE	POO
	☐	☐
	☐	☐
	☐	☐
	☐	☐
	☐	☐
	☐	☐
	☐	☐
	☐	☐
	☐	☐
	☐	☐
	☐	☐
	☐	☐
	☐	☐
	☐	☐
	☐	☐
	☐	☐
	☐	☐

SLEEP

TIME	LENGTH

COMMENT

ACTIVITIES

ACTIVITY	LENGTH

SPECIAL CARE

MEDICINE	TIME	DOSAGE

SUPPLIES NEEDED

_____
_____
_____
_____
_____
_____

Note:

Baby Daily Log

Baby's Name: _____

Date: _____ Ⓜ Ⓣ Ⓦ ⓉⒽ Ⓕ Ⓢ ⓈⓊ

FEEDINGS

DURATION (BREAST FEEDING)	AMOUNT (BOTTLE)
Ⓛ Ⓡ	
Ⓛ Ⓡ	
Ⓛ Ⓡ	
Ⓛ Ⓡ	
Ⓛ Ⓡ	
Ⓛ Ⓡ	
Ⓛ Ⓡ	
Ⓛ Ⓡ	
Ⓛ Ⓡ	
Ⓛ Ⓡ	
Ⓛ Ⓡ	
Ⓛ Ⓡ	
Ⓛ Ⓡ	
Ⓛ Ⓡ	
Ⓛ Ⓡ	
Ⓛ Ⓡ	
Ⓛ Ⓡ	

DIAPER CHANGES

TIME	PEE	POO
	☐	☐
	☐	☐
	☐	☐
	☐	☐
	☐	☐
	☐	☐
	☐	☐
	☐	☐
	☐	☐
	☐	☐
	☐	☐
	☐	☐
	☐	☐
	☐	☐
	☐	☐
	☐	☐
	☐	☐

SLEEP

TIME	LENGTH

COMMENT

ACTIVITIES

ACTIVITY	LENGTH

SPECIAL CARE

MEDICINE	TIME	DOSAGE

SUPPLIES NEEDED

Note:

Baby Daily Log

M T W TH F S SU

Baby's Name: _____ Date: _____

FEEDINGS

DURATION (BREAST FEEDING)	AMOUNT (BOTTLE)
L R	
L R	
L R	
L R	
L R	
L R	
L R	
L R	
L R	
L R	
L R	
L R	
L R	
L R	
L R	
L R	
L R	

DIAPER CHANGES

TIME	PEE	POO
	☐	☐
	☐	☐
	☐	☐
	☐	☐
	☐	☐
	☐	☐
	☐	☐
	☐	☐
	☐	☐
	☐	☐
	☐	☐
	☐	☐
	☐	☐
	☐	☐
	☐	☐
	☐	☐
	☐	☐

SLEEP

TIME	LENGTH

COMMENT

ACTIVITIES

ACTIVITY	LENGTH

SPECIAL CARE

MEDICINE	TIME	DOSAGE

SUPPLIES NEEDED

Note:

Baby Daily Log

M T W TH F S SU

Baby's Name: _____ Date: _____

FEEDINGS

DURATION (BREAST FEEDING)	AMOUNT (BOTTLE)
L R	
L R	
L R	
L R	
L R	
L R	
L R	
L R	
L R	
L R	
L R	
L R	
L R	
L R	
L R	
L R	

DIAPER CHANGES

TIME	PEE	POO
	☐	☐
	☐	☐
	☐	☐
	☐	☐
	☐	☐
	☐	☐
	☐	☐
	☐	☐
	☐	☐
	☐	☐
	☐	☐
	☐	☐
	☐	☐
	☐	☐
	☐	☐
	☐	☐

SLEEP

TIME	LENGTH

COMMENT

ACTIVITIES

ACTIVITY	LENGTH

SPECIAL CARE

MEDICINE	TIME	DOSAGE

SUPPLIES NEEDED

Note:

Baby Daily Log

M T W TH F S SU

Baby's Name: _____ Date: _____

FEEDINGS

DURATION [BREAST FEEDING]	AMOUNT [BOTTLE]
L R	
L R	
L R	
L R	
L R	
L R	
L R	
L R	
L R	
L R	
L R	
L R	
L R	
L R	
L R	
L R	
L R	

DIAPER CHANGES

TIME	PEE	POO
	☐	☐
	☐	☐
	☐	☐
	☐	☐
	☐	☐
	☐	☐
	☐	☐
	☐	☐
	☐	☐
	☐	☐
	☐	☐
	☐	☐
	☐	☐
	☐	☐
	☐	☐
	☐	☐
	☐	☐

SLEEP

TIME	LENGTH

COMMENT

ACTIVITIES

ACTIVITY	LENGTH

SPECIAL CARE

MEDICINE	TIME	DOSAGE

SUPPLIES NEEDED

Note:

Baby Daily Log

Baby's Name: _____

(M) (T) (W) (TH) (F) (S) (SU)

Date: _____

FEEDINGS		DIAPER CHANGES			SLEEP		COMMENT
DURATION (BREAST FEEDING)	AMOUNT (BOTTLE)	TIME	PEE	POO	TIME	LENGTH	
L R			☐	☐			
L R			☐	☐			
L R			☐	☐			
L R			☐	☐			
L R			☐	☐			
L R			☐	☐			
L R			☐	☐			
L R			☐	☐			
L R			☐	☐			
L R			☐	☐			
L R			☐	☐			
L R			☐	☐			
L R			☐	☐			
L R			☐	☐			
L R			☐	☐			
L R			☐	☐			

ACTIVITIES

ACTIVITY	LENGTH

SPECIAL CARE

MEDICINE	TIME	DOSAGE

SUPPLIES NEEDED

- -
- -
- -
- -
- -

Note:

Baby Daily Log

M T W TH F S SU

Baby's Name: _____   Date: _____

| FEEDINGS || DIAPER CHANGES ||| SLEEP || COMMENT |
DURATION [BREAST FEEDING]	AMOUNT [BOTTLE]	TIME	PEE	POO	TIME	LENGTH	
L R			☐	☐			
L R			☐	☐			
L R			☐	☐			
L R			☐	☐			
L R			☐	☐			
L R			☐	☐			
L R			☐	☐			
L R			☐	☐			
L R			☐	☐			
L R			☐	☐			
L R			☐	☐			
L R			☐	☐			
L R			☐	☐			
L R			☐	☐			
L R			☐	☐			
L R			☐	☐			
L R			☐	☐			

ACTIVITIES

ACTIVITY	LENGTH

SPECIAL CARE

MEDICINE	TIME	DOSAGE

SUPPLIES NEEDED

Note:

Baby Daily Log

M T W TH F S SU

Baby's Name: _____ Date: _____

| FEEDINGS ||| DIAPER CHANGES ||| SLEEP || COMMENT |
DURATION [BREAST FEEDING]	AMOUNT [BOTTLE]		TIME	PEE	POO	TIME	LENGTH	
L R				☐	☐			
L R				☐	☐			
L R				☐	☐			
L R				☐	☐			
L R				☐	☐			
L R				☐	☐			
L R				☐	☐			
L R				☐	☐			
L R				☐	☐			
L R				☐	☐			
L R				☐	☐			
L R				☐	☐			
L R				☐	☐			
L R				☐	☐			
L R				☐	☐			
L R				☐	☐			

ACTIVITIES

ACTIVITY	LENGTH

SPECIAL CARE

MEDICINE	TIME	DOSAGE

SUPPLIES NEEDED

Note:

Baby Daily Log

M T W TH F S SU

Baby's Name: _____

Date: _____

FEEDINGS

DURATION [BREAST FEEDING]	AMOUNT [BOTTLE]
L R	
L R	
L R	
L R	
L R	
L R	
L R	
L R	
L R	
L R	
L R	
L R	
L R	
L R	
L R	
L R	

DIAPER CHANGES

TIME	PEE	POO
	☐	☐
	☐	☐
	☐	☐
	☐	☐
	☐	☐
	☐	☐
	☐	☐
	☐	☐
	☐	☐
	☐	☐
	☐	☐
	☐	☐
	☐	☐
	☐	☐
	☐	☐
	☐	☐

SLEEP

TIME	LENGTH

COMMENT

ACTIVITIES

ACTIVITY	LENGTH

SPECIAL CARE

MEDICINE	TIME	DOSAGE

SUPPLIES NEEDED

Note:

Baby Daily Log

Baby's Name: _____

M T W TH F S SU

Date: _____

FEEDINGS

DURATION (BREAST FEEDING)	AMOUNT (BOTTLE)
L R	
L R	
L R	
L R	
L R	
L R	
L R	
L R	
L R	
L R	
L R	
L R	
L R	
L R	
L R	
L R	
L R	

DIAPER CHANGES

TIME	PEE	POO
	☐	☐
	☐	☐
	☐	☐
	☐	☐
	☐	☐
	☐	☐
	☐	☐
	☐	☐
	☐	☐
	☐	☐
	☐	☐
	☐	☐
	☐	☐
	☐	☐
	☐	☐
	☐	☐
	☐	☐

SLEEP

TIME	LENGTH

COMMENT

ACTIVITIES

ACTIVITY	LENGTH

SPECIAL CARE

MEDICINE	TIME	DOSAGE

SUPPLIES NEEDED

Note:

Baby Daily Log

M T W TH F S SU

Baby's Name: _____ Date: _____

FEEDINGS

DURATION (BREAST FEEDING)	AMOUNT (BOTTLE)
L R	
L R	
L R	
L R	
L R	
L R	
L R	
L R	
L R	
L R	
L R	
L R	
L R	
L R	
L R	
L R	

DIAPER CHANGES

TIME	PEE	POO
	☐	☐
	☐	☐
	☐	☐
	☐	☐
	☐	☐
	☐	☐
	☐	☐
	☐	☐
	☐	☐
	☐	☐
	☐	☐
	☐	☐
	☐	☐
	☐	☐
	☐	☐
	☐	☐

SLEEP

TIME	LENGTH

COMMENT

ACTIVITIES

ACTIVITY	LENGTH

SPECIAL CARE

MEDICINE	TIME	DOSAGE

SUPPLIES NEEDED

Note:

Baby Daily Log

Baby's Name: _____

(M) (T) (W) (TH) (F) (S) (SU)

Date: _____

| FEEDINGS || DIAPER CHANGES ||| SLEEP || COMMENT |
DURATION (BREAST FEEDING)	AMOUNT (BOTTLE)	TIME	PEE	POO	TIME	LENGTH	
L R			☐	☐			
L R			☐	☐			
L R			☐	☐			
L R			☐	☐			
L R			☐	☐			
L R			☐	☐			
L R			☐	☐			
L R			☐	☐			
L R			☐	☐			
L R			☐	☐			
L R			☐	☐			
L R			☐	☐			
L R			☐	☐			
L R			☐	☐			
L R			☐	☐			
L R			☐	☐			

ACTIVITIES

ACTIVITY	LENGTH

SPECIAL CARE

MEDICINE	TIME	DOSAGE

SUPPLIES NEEDED

Note:

Baby Daily Log

(M) (T) (W) (TH) (F) (S) (SU)

Baby's Name: _____ Date: _____

FEEDINGS			DIAPER CHANGES			SLEEP		COMMENT
DURATION (BREAST FEEDING) || AMOUNT (BOTTLE)	TIME	PEE	POO	TIME	LENGTH	
L	R			☐	☐			
L	R			☐	☐			
L	R			☐	☐			
L	R			☐	☐			
L	R			☐	☐			
L	R			☐	☐			
L	R			☐	☐			
L	R			☐	☐			
L	R			☐	☐			
L	R			☐	☐			
L	R			☐	☐			
L	R			☐	☐			
L	R			☐	☐			
L	R			☐	☐			
L	R			☐	☐			
L	R			☐	☐			

ACTIVITIES

ACTIVITY	LENGTH

SPECIAL CARE

MEDICINE	TIME	DOSAGE

SUPPLIES NEEDED

Note:

Baby Daily Log

M T W TH F S SU

Baby's Name: _____ Date: _____

FEEDINGS

DURATION (BREAST FEEDING)	AMOUNT (BOTTLE)
L R	
L R	
L R	
L R	
L R	
L R	
L R	
L R	
L R	
L R	
L R	
L R	
L R	
L R	
L R	
L R	

DIAPER CHANGES

TIME	PEE	POO
	☐	☐
	☐	☐
	☐	☐
	☐	☐
	☐	☐
	☐	☐
	☐	☐
	☐	☐
	☐	☐
	☐	☐
	☐	☐
	☐	☐
	☐	☐
	☐	☐
	☐	☐
	☐	☐

SLEEP

TIME	LENGTH

COMMENT

ACTIVITIES

ACTIVITY	LENGTH

SPECIAL CARE

MEDICINE	TIME	DOSAGE

SUPPLIES NEEDED

Note:

Baby Daily Log

M T W TH F S SU

Baby's Name: _____ Date: _____

FEEDINGS

DURATION (BREAST FEEDING)	AMOUNT (BOTTLE)
L R	
L R	
L R	
L R	
L R	
L R	
L R	
L R	
L R	
L R	
L R	
L R	
L R	
L R	
L R	
L R	

DIAPER CHANGES

TIME	PEE	POO
	☐	☐
	☐	☐
	☐	☐
	☐	☐
	☐	☐
	☐	☐
	☐	☐
	☐	☐
	☐	☐
	☐	☐
	☐	☐
	☐	☐
	☐	☐
	☐	☐
	☐	☐
	☐	☐

SLEEP

TIME	LENGTH

COMMENT

ACTIVITIES

ACTIVITY	LENGTH

SPECIAL CARE

MEDICINE	TIME	DOSAGE

SUPPLIES NEEDED

Note:

Made in the USA
Lexington, KY
06 October 2018